BEN VAN BEURTEN

DAS RENNRAD KOCHBUCH

60 REZEPTE FÜR JEDE TOUR

AUS DEM NIEDERLÄNDISCHEN
VON ALEXANDER WORMS

DELIUS KLASING VERLAG

Inhalt nach Rezepten

Inhalt nach Themen

Warum dieses Kochbuch?

Ein Rahmen aus Kohlefaser ist formvollendet, aber gewiss nicht notwendig. Ein Navigationssystem für das Rad ist praktisch, aber es hilft einem nicht auf dem Weg zu besserer Kondition. Ein hübsches Fahrradtrikot sieht schön aus, davon tritt man aber auch nicht besser in die Pedale. Was hingegen sehr wohl hilft, ist die richtige Ernährung. Und genau darum habe ich dieses Buch geschrieben. Denn auch wenn Sie das Material eines Weltmeisters haben, mit einem Butterbrot belegt mit Schokoladenstreusel werden Sie die Zielgerade nicht erreichen.

So besteht dieses Buch aus etwa 60 Rezepten für den Radsportler, wobei kohlenhydrathaltige Lebensmittel wie Brot, Getreideprodukte, Reis, Nudeln und Hülsenfrüchte im Vordergrund stehen. Denn bei einem Ausdauersport wie Rennradfahren dreht sich alles um den richtigen Energiehaushalt im Körper.

Doch dieses Kochbuch kann viel mehr. So erhalten Sie Tipps, was Sie während einer ausgedehnten Tour essen sollten, Sie lernen, wie Sie sich in punkto Ernährung auf ein mehrtägiges Rennen vorbereiten, Sie erfahren, wie Sie fit aus dem Wintertief kommen und entdecken, wonach der Magen ruft, wenn es einmal bergauf geht.
Doch das ist noch nicht alles. Jede Art von Anstrengung (kurz oder lang), jede Wetterlage (kalt oder warm) und jeder Zeitpunkt (vormittags oder abends) bedarf einer besonderen Ernährungsstrategie. Und in diesem Buch steht all das beschrieben.

Kurzum: Eine Pflichtlektüre für jeden Rennradfahrer, der optimale Leistung abliefern will.

Ben van Beurten
Radfahrender Chefkoch

ERNÄHRUNG & *Radrennen*

Die richtigen Nährstoffe!

Was braucht Ihr Körper?

Genau wie Autos benötigen auch Radsportler Treibstoff, um voran zu kommen. Bei Menschen besteht dieser Treibstoff aus Kohlenhydraten, Eiweißen und Fetten. Und je mehr Energie Sie an Bord haben, umso weiter können Sie fahren.

Deshalb sollten Sie immer die richtigen Lebensmittel zu sich nehmen. Natürlich können Sie sie sich einfach vollfressen, doch schlussendlich geht es nicht nur um gesunde, sondern vor allem um funktionale Ernährung. Nehmen Sie als Beispiel einen Teller Kartoffeln: Kartoffeln sind gesund und enthalten Kohlenhydrate. Anders als bei einem Teller Nudeln meldet der Magen bei einem Teller Kartoffeln eher ein Sättigungsgefühl. Wer sich also für Nudeln entscheidet, kann mehr Kohlenhydrate aufnehmen, wodurch man letztlich einfach weiter fahren kann.

Bei einem Ausdauersport wie dem Radfahren verbrennt der Körper bei einer langen, eher ruhigen Ausfahrt sowohl Kohlenhydrate als auch Fett. Doch sobald die Intensität zunimmt, schaltet der Körper mehr und mehr um auf die Verbrennung von Glykogen. Glykogen ist »leichter« als Glukose (Zucker) und wird sowohl in den Muskeln als auch in der Leber gelagert. Glykogen ist daher eine Art Notreserve für den Körper, die angebrochen wird, wenn die »normale« Energie aufgebraucht ist. Dennoch kann man auch selbst für einen möglichst hohen Glykogengehalt sorgen. Dies gelingt am besten durch spezielles Training in Kombination mit kohlenhydratreicher Ernährung. Denken Sie hierbei vor allem an Brot und Getreideprodukte, Reis, Nudeln und Hülsenfrüchte.

»Ein Radprofi verbraucht 800 bis 900 Gramm Kohlenhydrate bei einem normalen Rennen. Das entspricht etwa drei Kilogramm gekochten Nudeln oder 35 Marmeladenbroten.«

EIN BLICK IN DIE KÜCHE DES

Obwohl das Mitführen einer eigenen Küche auf Rädern ein ziemlich neuer Trend ist, ist ein Profiteam ohne mobile Küche nicht mehr vorstellbar.

Das gilt vor allem, weil die Köche in Frankreich nicht auf eine Prise Salz mehr oder weniger achten. Da stand die Pasta beispielsweise schon Stunden auf dem Tisch, während die Fahrer noch im Bett lagen. Dadurch wurden die Nudeln pampig, was die Fahrer nicht goutierten. Doch nicht allein die Nudeln waren schlecht. Die Käsescheiben lagen offen auf einem ungekühlten Tablet. Auch in den Küchen selbst ging es mitunter sehr unprofessionell zu. So wurden Gemüse, Fleisch, Milchprodukte und Fisch im selben Kühlschrank gelagert. In unserer eigenen Küche hatten wir das besser im Griff. Dort gab es mehrere Kühlschränke, einen Herd, einen normalen Backofen sowie einen Steamer, eine Tiefkühltruhe, einen Lager- und einen Arbeitsraum. Zusätzlich verfügten wir über unseren eigenen Generator und genügend Wasser an Bord. Vielleicht denken Sie jetzt, dass das Thema essen ein wenig übertrieben wird, doch wer wie ein Profi lebt, muss auch wie ein Profi essen. Ich vergleiche den Körper eines Radfahrers gerne mit einem Formel-1-Auto. Sobald sich selbst auch nur ein kleines Teil wie eine Schraube ein wenig verzieht, hat das Auswirkung auf den Speed des Autos. Bei Radprofis ist das auch so. Die Herrschaften (und Damen) leben ein Extrem und sind daher sehr empfindlich. Eine Ernährung, die nicht auf so einen extrem trainierten Körper abgestimmt ist, kann sofort zu einer Erkrankung führen. Doch Essen hat auch eine psychologische Komponente: Wer weiß, dass sein Essen perfekt abgestimmt und dazu lecker ist, ist mental stärker.

Tageseinteilung

Als Koch eines Profiteams weiß man eines ganz gewiss: Man hört als Erster den Wecker und geht als Letzter schlafen. Das bedeutet also, dass man um sechs Uhr aufsteht und mit dem Frühstück beginnt. Oder besser gesagt: Nudeln kochen (etwa 300 Gramm pro Fahrer), Pfannkuchen machen, Omeletts braten, Reisbrei und Haferflocken zubereiten und eventuell das Mittag-essen zusammenstellen, um es in den Startbereich zu bringen. Das Team sorgt zudem selbst für Dinkelbrot, das vor Ort frisch gebacken wird. Natürlich steht auch Quinoa auf dem Tisch, die beste Abwechslung zu Nudeln. Die werden natürlich al dente zubereitet, der Geschmack mittels Reibekäse oder einer leichten Tomatensauce verfeinert.

Das Frühstück besteht jeden Tag aus einem Buffet. So kann jeder Fahrer selbst entscheiden, wann und was er isst. Ein guter Koch kennt natürlich die Leibgerichte seiner Fahrer.

Im Anschluss an das Frühstück folgt eine Ruhepause, nach der sich das Team an den Start begibt. Manchmal geht das mit dem Rad, doch wenn die Distanz zum Startort zu groß ist, nehmen wir den Bus. In diesem Fall wird noch im Bus das Essen serviert, während der Fahrt. Zumeist sind das herzhafte Dinge wie Wraps oder eine Nudelsuppe, die schon morgens zubereitet wurden. Für die Köche (meistens sind das zwei) ist es dann an der Zeit, die Einkäufe zu erledigen. Fisch, Geflügel und andere Fleischwaren haben sie immer dabei. Nur für Gemüse und Früchte gehen sie ins Geschäft oder auf den Markt. Währenddessen halten die Köche immer Kontakt mit dem Team, um genau zu wissen, wann das Essen nach einer Etappe fertig sein muss. Sobald die Fahrer im Ziel sind, egal ob Flach- oder Bergetappe, trinken sie etwas und erhalten einen Eiweißshake. Im Hotel angekommen, können die Fahrer nach Wunsch schon mal einen Teller Nudeln oder einen Pfannkuchen zu sich nehmen. Dann folgt die Massage, wobei sie einen Shake aus roten Früchten erhalten. Nach der Massage wird es Zeit für das Abendessen. Genau wie das Frühstück ist das Abendessen ein Buffet und dauert maximal eine Stunde. Die Vorspeise besteht zumeist aus einer Suppe oder einem Salat, während sich die Hauptspeise aus viel Nudeln und Reis zusammensetzt. Manchmal gibt es auch einen Nachtisch. Besonders sinnvoll ist solch ein Nachtisch am Vorabend einer schweren Etappe (siehe Seite 112). Ruhetage bieten Spielraum für Variationen und auch mal für ein ordentliches Stück Fleisch.

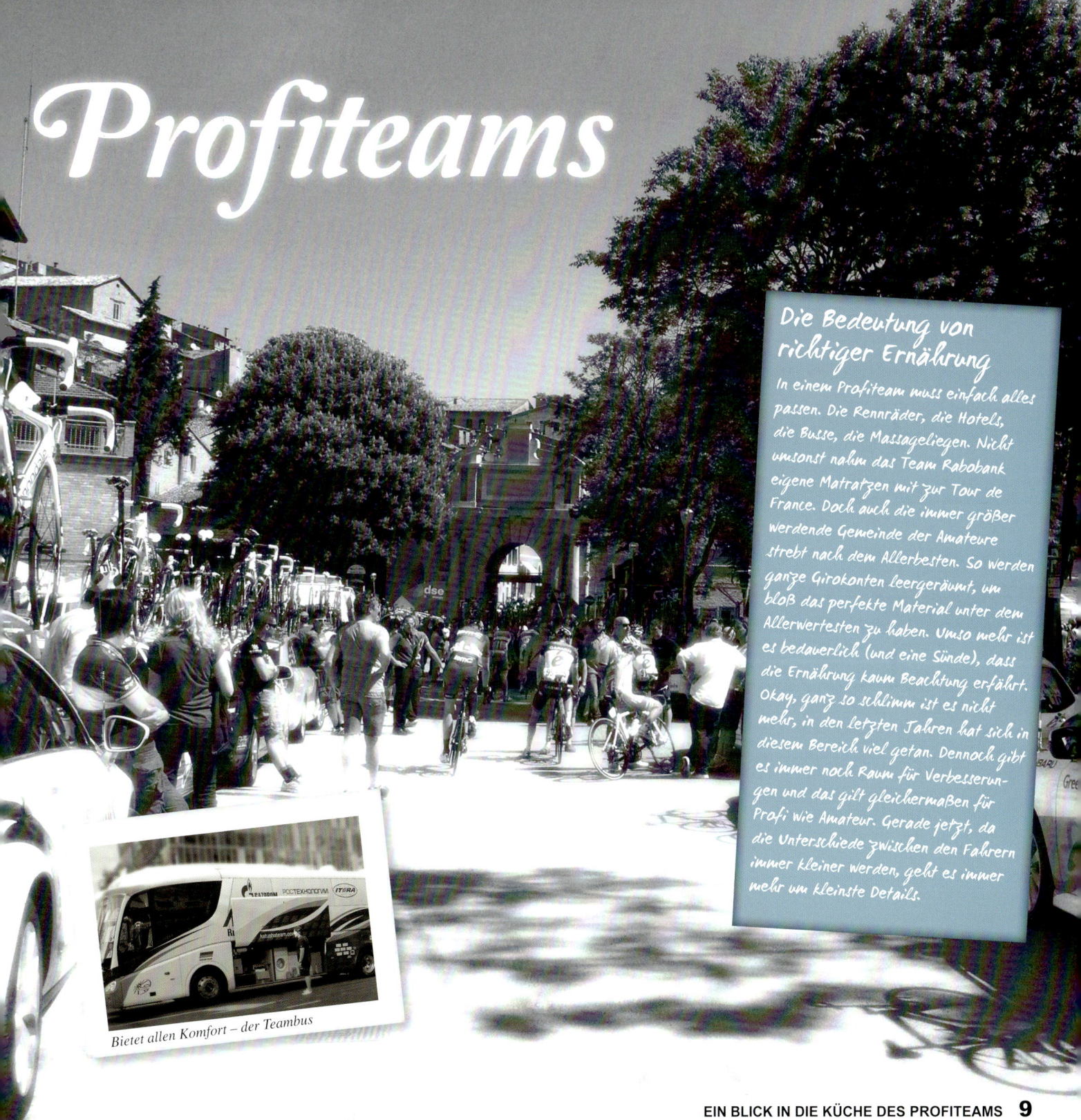

Profiteams

Die Bedeutung von richtiger Ernährung

In einem Profiteam muss einfach alles passen. Die Rennräder, die Hotels, die Busse, die Massageliegen. Nicht umsonst nahm das Team Rabobank eigene Matratzen mit zur Tour de France. Doch auch die immer größer werdende Gemeinde der Amateure strebt nach dem Allerbesten. So werden ganze Girokonten leergeräumt, um bloß das perfekte Material unter dem Allerwertesten zu haben. Umso mehr ist es bedauerlich (und eine Sünde), dass die Ernährung kaum Beachtung erfährt. Okay, ganz so schlimm ist es nicht mehr, in den letzten Jahren hat sich in diesem Bereich viel getan. Dennoch gibt es immer noch Raum für Verbesserungen und das gilt gleichermaßen für Profi wie Amateur. Gerade jetzt, da die Unterschiede zwischen den Fahrern immer kleiner werden, geht es immer mehr um kleinste Details.

Bietet allen Komfort – der Teambus

Frühstück

Der Anfang ist entscheidend!

Genau so wie der Reifenluftdruck zu Beginn des Rennens optimal eingestellt ist, soll auch der Körper am Start optimal vorbereitet sein. Natürlich spielt das Frühstück dabei eine wichtige Rolle. Denn wenn der Körper nach der Nachtruhe keine neue Energie zugeführt bekommt, schaltet er automatisch auf langsamere Verbrennung um. Und das bedeutet, dass alles, was danach gegessen wird, langsamer verarbeitet wird, wodurch weniger Energie zur Verfügung steht. Ein Energieriegel beispielsweise, der mittags ohne vorheriges Frühstück gegessen wird, stellt dem Fahrer viel weniger Energie zur Verfügung, als eigentlich darin enthalten ist.

»Sie sollten das Frühstück spätestens zwei bis drei Stunden vor dem Start zu sich nehmen!«

Wichtig beim Frühstück ist, dass es neben Kohlenhydraten viel Eiweiß enthält. Kohlenhydrate sind wichtig für die Energieversorgung während der Fahrt, Eiweiße hingegen dienen der Muskelerholung. Fette werden benötigt, um ein funktionierendes und starkes Immunsystem zu gewährleisten, sodass man weniger anfällig für Infektionen ist. Zu viel Fett ist jedoch auch nicht gesund. Darüber hinaus ist es enorm wichtig, den idealen Zeitpunkt für das Frühstück zu treffen.

Stellen Sie sicher, dass Sie etwa zwei bis drei Stunden vor dem Start frühstücken. In der Zwischenzeit wird die Nahrung verdaut und der Zucker wird eingelagert. Essen Sie zudem langsam, sodass der Köper die Chance bekommt, wirklich alles zu verarbeiten. Gerichte, die sich ideal als Radfahrerfrühstück eignen, finden Sie in diesem Kapitel. Die Gerichte sind sowohl für den Amateur- als auch den Profifahrer geeignet. Seien sich aber im Klaren darüber, dass das eine Gericht schneller zubereitet ist als das andere. Wer sich aber genügend Zeit für ein gutes Frühstück nimmt, für den wird die Etappe schneller als erwartet zu Ende sein.

Inhalt

Wissenswertes

- *Essen Sie zwei bis drei Stunden vor dem Wettkampf oder dem Training keine größeren Mahlzeiten mehr.*

- *Essen Sie vor dem Rennen oder Training leicht verdauliche Nahrung, um Aufstoßen zu verhindern.*

- *So schwierig es manchmal ist, nehmen Sie sich die Zeit für ein Frühstück und essen Sie in Ruhe.*

Überfluss an Mineralien

Quinoa mit Nüssen und frischen Früchten

Tipp

Quinoa ist ein toller Müsli-Ersatz. Bereiten Sie daher immer eine ausreichende Menge zu, sodass Sie dieses Gericht mehrere Male einem Joghurt beimengen können. Bewahren Sie den zubereiteten Quinoa in einer geschlossenen Dose im Kühlschrank auf.

Im Profiteam bringt Quinoa Abwechslung ins Frühstück. Quinoa enthält viel Eiweiß, die Vitamine B2 und E sowie Mineralien wie Eisen, Kupfer und Magnesium.

❶ Milch, Quinoa, Salz, Zimt und eine halbe Vanilleschote in eine Pfanne geben und zum Kochen bringen.

❷ Ungefähr 15 Minuten köcheln lassen, bis die Milch fast eingekocht ist (Rühren nicht vergessen). Anschließend etwa zehn Minuten mit geschlossenem Deckel garen lassen.

❸ Währenddessen die Mandelscheiben und die Pekannüsse in einer heißen Pfanne rösten. Anschließend die Pekannüsse grob sowie die Datteln und Aprikosen fein hacken.

❹ Sobald das Quinoa gar ist, die halbe Vanilleschote rausfischen und mit dem Honig, den Pekannüssen, Datteln, Aprikosen und Mandelscheiben vermischen.

❺ Zuletzt die gewaschenen Erd- und Blaubeeren dazugeben.

Zutaten

- *75 g Mandelscheiben*
- *75 g Pekannüsse*
- *250 g Erdbeeren*
- *80 g Blaubeeren*
- *1 TL Zimtpulver*
- *125 g Quinoa*
- *300 ml Milch*
- *1 TL Salz*
- *½ Vanilleschote*
- *2 EL Honig*
- *6 getrocknete entsteinte Datteln*
- *6 getrocknete Aprikosen*

Zubereitungszeit 30 Minuten

- *4 Personen*

Milchreis

Tipp

Milchreis ist auch ein tolles Dessert. Einfach den übriggebliebenen Milchreis abkühlen lassen und nach dem Abendessen genießen.

Milchreis ist die ideale Ergänzung zur Brotmahlzeit. Nicht nur, weil er sich leicht essen lässt, sondern auch, weil er mehr Kohlenhydrate enthält als etwa Nudeln.

❶ Die Milch in einem Topf zum Kochen bringen. Den Reis mit Wasser abspülen und in die kochende Milch geben. Auf kleiner Flamme köcheln lassen. Dabei regelmäßig umrühren, damit der Reis nicht anbrennt.

❷ Das Ei trennen und das Eiweiß schlagen.

❸ Den Reis 20 bis 25 Minuten kochen. Sobald der Brei eindickt, das Eigelb, den Zucker und den Eischnee zugeben.

❹ Den Milchreis noch einmal kurz aufkochen und schon ist er fertig.

Zutaten

- *1 l Milch, 1,5 % Fett*
- *130 bis 150 g Milchreis*
- *40 g Kristallzucker*
- *2 TL Vanillezucker (oder 1 Vanilleschote)*
- *1 Ei*

Zubereitungszeit 25 Minuten

- *2 Personen*

Variationen

Mit Rohrzucker, Nüssen oder Beeren garnieren

Gemüseomelett

Wenn man eine mehrtägige Tour fährt, ist die Erholung von großer Bedeutung. Der regelmäßige Verzehr eines Omeletts unterstützt diesen Prozess, da Eiweiße bei der Muskelregeneration eine wichtige Funktion einnehmen.

❶ Eier, Eiweiß und Crème fraîche mit etwas Pfeffer und Salz gut durchmixen.

❷ Eine Pfanne auf dem Herd erhitzen und etwas Öl zufügen. Die Pfanne heiß werden lassen (nicht verbrennen).

❸ Das Gemüse in die Pfanne geben und langsam anbraten. Die Omelettmischung dazugeben und gut verteilen (ein echtes Omelett bräunt nicht und muss innen weich sein).

❹ Das Omelett an den Rand der Pfanne gleiten lassen und mithilfe eines Tellers das Omelett drehen.

Achtung: Wenn Sie das Omelett mit extra Zutaten bereichern wollen, braten Sie zunächst die Zutaten, bevor Sie sie hinzugeben.

Zutaten

- *50 g Wokgemüse*
- *2 Eier*
- *2 Eiweiß*
- *2 EL Crème fraîche, Halbfettstufe*
- *Salz und Pfeffer*
- *1 Schuss Olivenöl*

Zubereitungszeit 5 Minuten

- *1 Person*

Variation

Geben Sie Ihrem Omelett eine persönliche Note, indem Sie beispielsweise Bohnen, Paprika, Zucchini, Brokkoli, Möhren, Zwiebeln, Kartoffeln, Speck oder Schinken hinzugeben.

Früher gut, heute immer noch gut

Antioxidantien

Pfannkuchen (Flensjes) mit Blaubeeren

Flensjes sind nichts anderes als dünne, kohlenhydratreiche Pfannkuchen, die zudem leicht verdaulich sind. Darum bietet ein Frühstück mit Flensjes eine gute Grundlage für den Tag.

❶ Das Mehl in eine Schüssel sieben und sowohl die Haferflocken als auch den Zucker zugeben. In der Mitte der Schüssel eine Mulde formen und die drei Eier und das Eiweiß hineingeben.

❷ Ein Drittel der Milch hinzufügen und den Inhalt der Schüssel mit einem Schneebesen oder dem Mixer verrühren. Den Rest der Milch mit einer Prise Salz zugeben.

❸ Geben Sie die Beeren in die Schüssel. Ein Schuss Maisöl rundet die Sache ab. Jetzt können Sie Flensjes braten.

Blaubeeren sind voller Antioxidantien. Antioxidantien sind Helfer für eine gute Sauerstoffversorgung.

Zutaten

- *150 g Mehl*
- *50 g Haferflocken*
- *3 Eier*
- *1 Eiweiß*
- *½ l fettarme Milch*
- *30 g Zucker*
- *40 g Blaubeeren*
- *2 EL Maisöl*

Zubereitungszeit 25 Minuten

- *8 Stück*

Variation

Garnieren Sie die Flensjes mit Rohrzucker.

Brote und Sandwiches

Wenn wir Niederländer über das Frühstück nachdenken, landen wir schnell beim Brot. Brot wird unter anderem an Farbe und Form unterschieden und trägt den Namen der Getreidesorte, aus der es gebacken ist. In den Niederlanden wird vor allem mehlbasiertes Brot gegessen, darunter Weißbrot, dunkles Brot, Dinkel- und Vollkornbrot.

Um das Brot nicht allein an der Farbe unterscheiden zu müssen, ist es wichtig zu wissen, woraus die oben genannten Brotsorten hergestellt werden. Das ist eigentlich ganz einfach. Brot wird aus Mehl gebacken, aus dem alle Samenschalen (die Schalen des Getreidekorns) gesiebt werden. Für dunkles Brot wird das Korn nach dem Mahlen nur teilweise gesiebt. So bleibt ein Teil der Samenschalen enthalten, was dunkles Brot gesünder macht als Weißbrot. Vollkornbrot wird aus dem ganzen Korn gebacken und soll eine bestimmte Farbe haben, weshalb ihm meist Kohlenstoff zugefügt wird.

Wussten Sie schon, dass ...

wenn Sie Dinkelbrot essen, Sie pro Scheibe mehr wertvolle Nährstoffe zu sich nehmen als mit jeder anderen Brotsorte?

Dinkelbrot

Dinkelbrot ist zwar etwas teurer, aber dafür auch sehr gesund. Das kommt daher, dass die Näherstoffel beim Dinkel im Korn sitzen, wogegen beim Weizen die Nährstoffe im Keim und den Samenschalen enthalten sind. Wird der Weizen gemahlen, gehen diese Nährstoffe verloren. Beim Dinkel dagegen bleiben die meisten Nährstoffe bei diesem Prozess erhalten.

Brote und Sandwiches

Es gibt viele verschiedene Möglichkeiten, Brote und Sandwiches zu kreieren. Nach einem Tag auf dem Rad ist Schinken und Käse auf Philadelphia ein herzhafter Genuss. Käse und Schinken sind eine herrliche Abwechslung, nachdem man morgens meist einen süßen Aufstrich wie Marmelade oder Schokostreusel gegessen hat.

Für Sandwiches, die man mitnehmen will, wählt man am besten Dinkel- oder Weizenbrot. Diese Brotsorten enthalten nicht so viel Feuchtigkeit und werden dadurch im Rucksack nicht pampig.

Wenn man sich für einen Belag aus Wurst oder Käse entschieden hat, sollte man sich für die fettarme Variante entscheiden. Bei warmem Wetter kann eine zusätzliche Prise Salz nicht schaden.

Herzhafte Sandwiches sind besonders köstlich an einem warmen Tag.

ERNÄHRUNG & *Radtouren*

Die Niederlande bieten dem Rad-
sportherz eine ganze Menge Rundfahr-
ten. Speziell für unsere Leser haben wir
mal eine Reihe von Touren ausgesucht:

Joop Zoetemelk Classic:
Eine Rundfahrt durch das »Grüne Herz«
Hollands für alle, die fit aus dem Winter
gekommen sind.

Veenendaal-Veenendaal:
Die ideale Ausfahrt, um die ersten
Höhenmeter zu sammeln und perfekte
Vorbereitung für das Amstel Gold Race.

Ronde van Noord-Holland:
Eine Fahrt an Mühlen und Deichen
entlang, bei dem der Wind der größte
Feind ist.

Limburgs Mooiste:
Lernen Sie Limburgs zahlreiche, doch
schöne und meist unbekannte Anstiege
kennen.

Amstel Gold Race:
Fühlen Sie sich wie ein Profi und nehmen Sie es mit dem steilen Keutenberg
und dem bekannten Cauberg auf!

Friese Elfsteden Rijwieltocht:
Eine Monstertour über 240 Kilometer,
basierend auf der berühmten Schlitt-
schuhstrecke (Elfstedentocht) entlang
elf friesischer Städte. Nur geeignet für
durchtrainierte Radler.

Ob Sie nun perfekt durchtrainiert sind und verantwortungsvolle Ernährung für Sie einfach dazu gehört, oder ob Sie als Freizeitfahrer eigentlich gar nicht so genau auf Ernährung achten, macht für die Vorbereitung einer Ausfahrt eigentlich keinen so großen Unterschied. Es reicht bereits aus, wenn Sie sich einen Tag vor und während der Tour mit der richtigen Ernährung beschäftigen. Wählen Sie am Tag vor der Fahrt ein Mittagessen ohne allzuviel Fett. Am Abend vor der Tour sollte es ein kohlenhydratreiches Abendessen wie etwa Nudeln geben, sodass der Körper seine Depots mit Energie auffüllen kann. Natürlich darf es auch etwas anderes als Pasta sein, allerdings sollte man Lebensmittel vermeiden, die für ein starkes Völlegefühl sorgen, wie Kartoffeln etwa. Trinken Sie zu dieser Mahlzeit einen halben Liter Wasser. Zum Frühstück am Tag selbst sollten wieder viele Kohlenhydrate auf dem Speiseplan stehen. Da solche Touren oft früh losgehen und man spätestens zwei Stunden zuvor schon essen sollte, fällt es vielen Fahrern schwer, um diese Zeit Nudeln zu mampfen. Dinkelbrot ist dann eine gute Alternative. Dinkel ist die wertvollste Getreidesorte, es enthält viele Eiweiße sowie Kohlenhydrate, die nur langsam verdaut werden. Zudem ist Dinkelbrot viel besser als das ganz dunkle Brot. Der Aufschnitt kann aus reifem Käse, Marmelade, Schokostreuseln, süßem Apfelsirup oder Fleisch wie Hähnchenfilet oder Frikadellen bestehen. Ein Omelett ist natürlich auch immer eine Lösung. Sollten Sie etwas mehr Zeit haben, gehen auch Pfannkuchen oder Milchreis. Trinken Sie vor allem viel Wasser und vermeiden Sie Fruchtsäfte. Kaffee enthält Koffein, was die Leistungsfähigkeit erhöht und die Fettverbrennung stimuliert. Vergessen Sie unterwegs nicht, genügend zu essen und zu trinken. Bei längeren Touren gilt als Richtwert: Eine Trinkflasche mit Sportgetränk pro Stunde. Füllen Sie die Energiereserven Ihres Körpers ebenfalls stündlich mit Kohlenhydraten aus Gels oder Riegeln auf. Ein Rosinenbrötchen oder eine Banane sind auch in Ordnung. Denn nur durch genügend Essen und Trinken entgehen Sie dem Mann mit dem Hammer.

Unterwegs

Zusätzlicher Treibstoff

Es ist sehr wichtig, immer eine Energiereserve dabeizuhaben. Diese Energie steckt man einfach in die Trikottasche, in Form von Riegeln oder Gels. Aber damit ist es noch nicht getan. Neben der schnellen und süßen Energie aus Gels oder Getränken braucht der Körper auch etwas Herzhaftes. Sie können sich beispielsweise einen Wrap oder ein Sandwich für unterwegs zubereiten, während Sie Ihr Frühstück vorbereiten. Auch Profis brauchen diese Portion Extraenergie. Die Proviantbeutel, die sie unterwegs bekommen, enthalten in der Regel folgende Lebensmittel:

• Fruchtstücke • Ein Riegel mit Kohlenhydraten • Gels mit einem hohen Gehalt an Kohlenhydraten
• Eine Trinkflasche mit einem Sportdrink • Brötchen (Reisbrötchen, Apfelrosinenbrötchen, Schinkenbrötchen)
• Cola • Etwas Herzhaftes (Wraps oder Sandwiches).

»Neben der schnell verfügbaren Energie aus süßen Gels oder Getränken braucht der Körper auch etwas Herzhaftes.«

Herzhafte Snacks wie Warps und Sandwiches sind nicht nur eine leckere Abwechslung, sie enthalten darüber hinaus auch viel Salz. Dieses Salz sorgt dafür, dass die Flüssigkeit bei heißen Temperaturen besser gespeichert wird.
Nun bringt Sie dieses Kapitel nicht nur durch den Sommer. Auch bekommen Sie hier Tipps, um selbst Riegel herzustellen. Riegel, die man das ganze Jahr über braucht.

Inhalt

Wissenswertes

- *Trinken während der Belastung ist sehr wichtig. Nehmen Sie ausreichend mit und füllen Sie Ihre Flaschen rechtzeitig auf.*
- *Ein Profifahrer trinkt etwa zehn bis 13 Trinkflaschen pro Tag.*
- *Bei extremer Hitze können Sie Ihrem Getränk einen Teelöffel Salz zugeben.*
- *Während der Tour de France werden knapp 50000 Trinkflaschen gebraucht.*

Pitabrote mit Schinken und Mozzarella

Tipp

Wenn Sie Ihr Brot mit auf das Rad nehmen wollen, belegen Sie es und wickeln es in Folie ein. Schneiden Sie es durch, nachdem es im Toaster war. Vermeiden Sie feuchtes Gemüse.

Ein Pitabrot, auch Shoarmabrot genannt, ist ein flaches Brot mit einer zarten Kruste. Es ist ideal für unterwegs, weil es sehr flach ist und deshalb gut in die Trikottasche passt. Darüber hinaus wird ein Pitabrot nicht so schnell weich.

❶ Das Pitabrot toasten.
❷ Die Oberseite mit Frischkäse bestreichen und das Basilikum darauf verteilen.
❸ Schinken, Mozzarella und Tomatenstückchen auflegen.
❹ Einen Esslöffel Pesto alla Genovese auf jedes Pitabrot streichen. Nach Geschmack noch geraspelten Parmesan über die Brote streuen.

Zutaten

- *4 Pitabrote*
- *4 Scheiben getrockneter Schinken (Parmaschinken)*
- *3 Stängel Basilikum*
- *3 EL Frischkäse*
- *16 kleine Kugeln Mozzarella*
- *1 Schüssel kleine Tomaten*
- *4 EL Pesto alla Genovese (s. Seite 138)*
- *Parmesan*

Zubereitungszeit 5 Minuten

- *4 Personen*

Variation

Statt Frischkäse kann man auch Ricotta verwenden. Eine Kombination aus Parmaschinken, Käse, gegrillten Zucchini, Tomaten und Rucola hat sich ebenfalls bewährt.

Herzhafte Happen

Wraps mit getrocknetem Schinken und Pesto

Dieses Gericht ist herrlich, wenn man den ganzen Tag geradelt ist und Lust auf etwas Herzhaftes hat. Gleichzeitig füllt man mit dem Wrap seinen Kohlenhydratspeicher wieder auf.

❶ Den Eisbergsalat in dünne Streifen schneiden. Die getrockneten Tomaten gut abtropfen lassen oder selbst herstellen (s. Seite 140).

❷ Die Wraps auf die Arbeitsplatte legen und mit Pesto bestreichen. Den geschnittenen Eisbergsalat verteilen und mit getrocknetem Schinken sowie Tomaten belegen. Den Wrap mit geraspeltem Parmesan abschmecken.

❸ Die Wraps fest aufrollen, in Frischhaltefolie wickeln und im Kühlschrank aufbewahren.

Kresse sorgt für eine Extraportion Vitamin C.

Zutaten

- *1 Paket große Wraps*
- *4 EL Pesto alla Genovese*
- *8 Scheiben Serranoschinken*
- *1 Kopf Eisbergsalat*
- *16 getrocknete Tomaten*
- *Parmesan*

Zubereitungszeit 8 Minuten

- *4 Personen*

Variation

Diesen Wrap kann man mit verschiedenen Füllungen garnieren. Geräuchertes Hühnchen, Fisch, Wurst oder eine vegetarische Alternative mit Avocado sind denkbar. Bevorzugen Sie nach Möglichkeit fettarme Produkte.

Noch einmal richtig Gas geben

Knusprige Reisküchlein

Tipp

*Das Risotto schon abends
zubereiten. So ist es morgens
zum Backen schön fest.*

Reisküchlein enthalten viele Kohlenhydrate und sind so ein
idealer Begleiter für unterwegs. Kurzum, genehmigen Sie sich
ein Küchlein, wenn Sie kurz vor dem Ziel nochmals Ihre Kräfte
mobilisieren wollen.

❶ Das Risotto nach dem Rezept auf Seite 147 zubereiten. Dabei
etwas weniger Flüssigkeit verwenden, damit das Risotto schön fest
wird.

❷ Sodann den gepufften Quinoa oder die Haferflocken sowie die
gehackten Nüsse zugeben. Für zusätzlichen Geschmack sorgen
feingehacktes Basilikum oder Petersilie. Die Mischung abkühlen
lassen.

❸ Eine Schale mit Alufolie auslegen und dünn mit Öl bestreichen. Die
abgekühlte Mischung ungefähr 1 cm dick darauf verteilen.

❹ Das Ganze in kleine Küchlein (ca. 5 x 5 cm) schneiden. Diese nach
und nach knusprig in Öl ausbacken und zum Abtropfen auf Küchenpapier legen. Nach dem Abkühlen in Frischhaltefolie wickeln und im
Kühlschrank aufbewahren.

Zutaten

- *500 g Risotto*
- *30 g gepuffter Quinoa oder Haferflocken*
- *30 g gehackte Nüsse*
- *10 Blätter Basilikum oder einige Stängel
  Petersilie*
- *Olivenöl*

Zubereitungszeit 25 Minuten

*Vorbereitungszeit 20 Minuten,
backen 5 Minuten*

- *15 Küchlein*

Variation

*Die Küchlein können mit getrockneten
Tomaten, Oliven oder getrockneten Früchten
wie Aprikosen zubereitet werden. Die Zutaten
sollten keine Feuchtigkeit enthalten, damit die
Küchlein nicht auseinanderfallen.*

Ein schneller Happen

Pfannkuchen mit getrockneten Aprikosen

Pfannkuchen sind eine gute Kohlenhydratquelle und nach einer langen Tour ideal. Außerdem behalten Pfannkuchen lange ihren leckeren Geschmack, weshalb sie sich aufgerollt auch gut für unterwegs eignen.

❶ Das Mehl in eine Schüssel sieben und den Zucker dazugeben. In der Mitte eine Kuhle bilden und Eier sowie Eiweiß hineingeben.

❷ Ein Drittel der Milch dazugeben und mit dem Schneebesen oder Mixer verrühren. Anschließend die restliche Milch und eine Prise Salz hinzufügen.

❸ Zuletzt die geschnittenen Aprikosen mit einem Schuss Maisöl untermischen. Aufgrund des Maisöls benötigt man weniger Fett, um die Pfannkuchen zu backen.

Zutaten

- *150 g Mehl und 50 g Quinoamehl*
- *3 Eier*
- *1 Eiweiß*
- *½ l fettarme Milch*
- *30 g Zucker*
- *50 g getrocknete Aprikosen*
- *2 EL Maisö*

Zubereitungszeit 10 Minuten

- *4 Personen*

Variation

Statt der Aprikosen kann man auch Rosinen oder andere Trockenfrüchte verwenden.

Selbstgemachte Riegel

Es besteht natürlich die Möglichkeit, Riegel einfach zu kaufen, aber oft ist der Preis für diese Riegel ziemlich happig. Außerdem muss man erst mal einen Riegel finden, der einem schmeckt. Eine andere Möglichkeit ist es, sie selbst herzustellen und sie ganz nach seinem eigenen Lieblingsgeschmack zuzubereiten.

❶ Makadamianüsse und Aprikosen fein hacken.

❷ Zucker und Honig in einer Pfanne erhitzen. Wenn die Mischung geschmolzen ist, die restlichen Zutaten in die Pfanne geben. So lange rühren, bis alle Zutaten mit einem Film der Honig-Zuckermischung überzogen sind.

❸ Die Masse auf Backpapier geben und gleichmäßig verteilen, anschließend mithilfe eines weiteren Backpapiers andrücken und abkühlen lassen.

❹ Die Platte in Stücke oder Riegel schneiden und in einer verschließbaren Dose aufbewahren.

Zutaten

- *100 g Makadamianüsse*
- *80 g getrocknete Aprikosen*
- *10 g gepuffter Quinoa*
- *Schalenabrieb von einer halben Orange*
- *4 EL Honig*
- *4 EL Zucker*
- *1 EL Sesamsamen*
- *1 EL Müsli*
- *Backpapier*

Zubereitungszeit 10 Minuten

- *7 Riegel*

Variation

Die Riegel können auch mit andern Nüssen oder Trockenfrüchten zubereitet werden.

schnell fertig

Schnelle Nudelkekse

Tipp

Werfen Sie keine überschüssigen Nudeln weg, die sich in Ihrem Schrank angesammelt haben, sondern nutzen Sie sie für die Zubereitung der Plätzchen.

Wenn nach einer Pastamahlzeit noch Nudeln übrig sind, können Sie daraus schnell und einfach Pastaplätzchen für den nächsten Tag zubereiten. Sie sind eine tolle Alternative zu den Energieriegeln.

Nudelkekse aus Resten

❶ Die Pasta mit etwas übriggebliebener Soße in die Küchenmaschine geben und kurz pürieren. Den Teig in eine Form geben und gleichmäßig verteilen.

❷ Den Teig im Kühlschrank abkühlen lassen und dann in kleine Vierecke schneiden. Diese in Frischhaltefolie einpacken und fertig!

Nudelkekse

❶ Die Nudeln kochen und abkühlen lassen (nicht abspülen).

❷ Den Ingwer reiben und die Petersilie hacken.

❸ Alle Zutaten in die Küchenmaschine geben und pürieren, bis die Nudeln einen Ball formen.

❹ In einer Form zu einer gleichmäßigen Platte oder mithilfe von Alufolie zu einer Rolle formen. Im Kühlschrank fest werden lassen. Anschließend in kleine Vierecke oder Scheiben schneiden und in Frischhaltefolie einpacken.

Zutaten

- *200 g Pasta*
- *1 Bund Petersilie*
- *50 ml Olivenöl*
- *4 EL Ketchup*
- *Stück frischer Ingwer*
- *¼ Bund Koriander*
- *2 EL getrocknete Tomaten*

Zubereitungszeit 3–15 Minuten

- *4 Personen*

ERNÄHRUNG & *Jedermänner*

Für den sportlichen Radfahrer mit Hang zum Wettstreit gibt es unzählige Jedermänner, Radmarathons und Brevets. Doch wer sich wirklich einmal schinden will, muss bei La Marmotte an den Start gehen.

Interessante Wettkämpfe

Henk Lubberding Classic:
Ein Rennen über die Hügel von Gelderland über 110 Kilometer, bei dem das Peloton die ersten 75 Kilometer geschlossen mit 30 km/h unter Polizeischutz absolviert.

La Marmotte:
Vielleicht der bekannteste Radmarathon überhaupt. Dabei gilt es, Alpenriesen wie Alpe d'Huez, den Galibier und den Glandon zu bezwingen.

Dolomitenradrundfahrt:
Kaum Verkehr, nur viel Weitsicht und Berge, das ist der mörderische Trip in Kurzform. Die Variante Super Giro Dolomiti führt über 232 Kilometer, bei denen 5200 Höhenmeter überwunden werden müssen.

Hände am Lenker und draufhalten

Immer gegen die Uhr

Wenn Sie an einem Radmarathon teilnehmen, gehören Sie sicher zu den Fahrern, die auf ihre Ernährung achten und um die Bedeutung eines guten Ausdauertrainings wissen. Viele Menschen wissen allerdings gar nicht, warum Ausdauertraining überhaupt gut für die Kondition ist. Das sei im Folgenden kurz erläutert.

Während des Ausdauertrainings passt der Körper seinen Glykogenverbrauch an die Belastung an und produziert dabei Milchsäure. Bei regelmäßigem Training sinkt nun der Glykogenverbrauch und es wird weniger Milchsäure gebildet. Die gesparten Kohlenhydrate stehen dem Körper weiter zur Verfügung, außerdem lernt der Körper, sich schneller zu erholen. Wenn Sie dann schließlich an einem Radmarathon oder einem anderen Rennen teilnehmen, ist es wichtig, in der Woche vor dem Wettkampf etwas Druck rauszunehmen. Die Trainingsintensität wird langsam abgebaut, in Kombination mit der Auffüllung der Glykogenspeicher. Das Prozedere ist recht simpel: Sie essen ganz normal weiter, allerdings erhöhen Sie den Anteil an Kohlenhydraten um 15 Prozent, etwa indem Sie Kartoffeln durch Nudeln ersetzen.
Durch diese Maßnahmen wird Ihr Glykogenspeicher während des Rennens besser gefüllt sein als gewöhnlich. Übrigens: Volle Glykogenspeicher wirken sich nur positiv aus, wenn Sie intensiv trainieren und viel trinken.

Regeneration

Zurück zu alter Form

Sobald Sie vom Rad steigen, dreht sich alles um die Regeneration Ihres Körpers. Für einen Radprofi ist das logische Notwendigkeit, ein Amateur will sich jedoch nach einem schweren Rennen auch einfach mal auf die Couch fallen lassen. Und das soll er auch. Denken Sie aber daran, dass Ihr Körper sich am schnellsten erholt, wenn Sie binnen einer Stunde nach dem Rennen eines der Gerichte zu sich nehmen, die ich Ihnen in diesem Kapitel vorstelle. Wollen Sie also auch am nächsten Tag wieder frisch auf Ihr Rad steigen, dann fläzen Sie sich nicht gleich auf die Couch, wenn Sie durch die Haustür schreiten.

»Nehmen Sie gleich nach dem Ziel einen Eiweißshake zu sich oder essen Sie zu Abwechslung einen Wrap!«

Das wichtigste nach dem Rennen ist dann auch der Eiweißshake. Proteine helfen bei der Regeneration der Muskeln, die während des Trainings oder Rennens beschädigt wurden. Obwohl es möglich ist, solche Shakes selbst herzustellen, ist es ratsam, sie zu kaufen. So kommen Sie nach der ganzen Anstrengung schneller in den Genuss der Couch. Die Shakes sind bequem im Internet zu bestellen.

Nach dem Eiweißshake heißt es, die leeren Kohlenhydratspeicher wieder aufzufüllen. Das geht zum Beispiel mit einem Wrap, einem Shake aus roten Früchten oder einem Glas Rübensaft. Rote Früchte sowie Rübensaft enthalten Antioxidantien, die zur Regeneration von Körperzellen beitragen, und finden sich unter anderem in Gemüse, Früchten und Nüssen. Zudem hat der Genuss von viel Gemüse und Früchten einen nachweisbar lebensverlängernden Effekt. Sorgen Sie also dafür, dass Sie zwischen Zieldurchfahrt und Abendessen ausreichend davon essen.

Inhalt

Wissenswertes

- *Der Körper nimmt in der ersten Stunde nach der Anstrengung die Nährstoffe am schnellsten auf.*

  Der ideale Zeitpunkt also, um die »Regenerationsnahrung« zu sich nehmen.

Alle Arten von Pasta

Nudelsuppe

Tipp

Brot toasten und Parmesan darauf schmelzen lassen. Zur Suppe servieren.

Diese Suppe ist einfach zuzubereiten und besteht in erster Linie aus Zutaten, die man meistens im eigenen Kühlschrank findet.

❶ Die in Würfel geschnittenen Wintermöhren, Kartoffeln, Paprika, Zucchini, Knoblauch und Zwiebeln in einer Pfanne mit Öl anbraten.

❷ Rosmarin, Thymian und Petersilie beimengen.

❸ Die Tomaten dazugeben und kurz mitgaren.

❹ Die Gemüsebrühe hinzuschütten und alles 20 Minuten köcheln lassen.

❺ Zu guter Letzt die gekochten Nudeln unterrühren und die Suppe mit Salz abschmecken.

Zutaten

- *1 Wintermöhre in Würfel von ½ cm geschnitten*
- *2 Kartoffeln in Würfel von ½ cm geschnitten*
- *1 große Zwiebel in Würfel von ½ cm geschnitten*
- *2 Knoblauchzehen, fein gehackt*
- *½ Zucchini in Würfel von ½ cm geschnitten*
- *4 Tomaten in 6 Stücke geschnitten*
- *½ Paprika in Würfel von ½ cm geschnitten*
- *3 Handvoll gekochte Nudeln*
- *Rosmarin, Thymian, Petersilie, Salz*
- *¾ l Gemüsebouillon*
- *50 ml Olivenöl*

Zubereitungszeit 20 Minuten

- *4 Radsportler*

Variation

Man kann das Rezept auch mit anderen Gemüse-sorten zubereiten.

Wrap mit Reissalat und Hühnchen

Tipp

Diese Wraps können Sie prima während der Fahrt essen. In Folie gewickelt, haben Sie so eine reichhaltige Energiebombe dabei.

Diese Wraps sind dank des Gehalts an Kohlenhydraten ein perfekter Snack während oder im Anschluss an die Tour und eine willkommene herzhafte Alternative zu all dem Süßen, was Radfahrer oft zu sich nehmen (müssen).

❶ In einem großen Topf gesalzenes Wasser zum Kochen bringen. Den Reis gemäß der Angaben auf der Verpackung garen. Anschließend in einem Sieb abtropfen lassen und auf ein Backblech geben, damit er schneller abkühlt.

❷ In der Zwischenzeit die Kräuter von den Stielen zupfen. Die Paprika fein hacken. Die Frühlingszwiebel mit einem scharfen Messer in feine Ringe schneiden.

❸ Die Haut des geräucherten Hühnchens entfernen und den Rest in kleine Würfel schneiden.

❹ Alles in einer großen Schüssel vermischen. Den Saft einer halben Zitrone auspressen und zwei Esslöffel Olivenöl dazugeben. Mit Salz und Pfeffer abschmecken.

❺ Den Wrap zu einer Schale formen und den Reissalat hineingeben. Zum Mitnehmen den Wrap wie einen gefüllten Pfannkuchen aufrollen.

Zutaten

- *150 g gemischter Basmatireis*
- *8 Blätter Basilikum*
- *1 Zweig frische Minze*
- *1 Handvoll glatte Petersilie*
- *1 Stück geröstete Spitzpaprika*
- *1 Frühlingszwiebel*
- *1 Zitrone*
- *Meersalz und schwarzer Pfeffer*
- *1 Stück geräuchertes Hühnchen*
- *2 EL Olivenöl*
- *1 Packung Wraps (großer Durchmesser)*

Zubereitungszeit 30 Minuten

- *4 Personen*

Regeneration
mit Wrap

Shake aus roten Früchten

Tipp

*Dieser Shake ist nach jeder
Anstrengung ein Segen!*

Obwohl Rote-Bete-Saft im Peloton nicht sehr beliebt ist, ist dieser
Shake häufig Begleiter als Recovery-Drink auf den Massagebänken.
Der erdige Geschmack des Rote-Bete-Saftes verschwindet, wenn
andere Zutaten beigemixt werden. So erhält man einen herrlich
gesunden Shake.

❶ Für diesen Shake gibt man einfach alle Zutaten in einen Standmixer
und mixt alles für eine Minute.

Zutaten

* *400 g rote Früchte (tiefgekühlt oder
  frisch)*
* *100 ml Rote-Bete-Saft*
* *300 ml Granatapfelsaft*

Zubereitungszeit 2 Minuten

* *1 Person*

Variation

*Statt Granatapfelsaft kann man auch
Sorbeteis verwenden.*

Wussten Sie, dass ...

*rote Früchte viele Antioxidan-
tien enthalten, die dafür sorgen,
dass Schadstoffe im Körper
unschädlich gemacht werden?
Sie helfen so dabei, die Körperzellen und das Gewebe zu
schützen.*

Sorbetshake

Wussten Sie, dass ...

es empfehlenswert ist, auch vor dem Training einen Shake zu trinken? Ja, aber tragen Sie Sorge, dass Sie Ihre Kohlenhydrate bereits gegessen haben, denn ein Shake macht den Bauch schnell voll.

Sorbeteis ist gut für Radsportler, weil es viele Proteine und im Gegensatz zu Soft- oder Rahmeis kein Fett enthält.

❶ Geben Sie alles in den Mixer und rühren Sie, bis alles eine glatte Masse geworden ist (±1 Minute lang).

❷ Garnieren Sie den Shake mit gehackten Pistazien und Minzblättern.

Proteinshake

Ein Proteinshake wird schneller vom Körper aufgenommen als andere Nahrungsmittel wie Quark oder Hühnchenfleisch. Durch die schnelle Absorption steht den Muskeln unmittelbar mehr Eiweiß zur Regeneration zur Verfügung. Weil die Muskeln während des Trainings beschädigt werden, ist es erforderlich, nach der Belastung gut zu essen. Ein Proteinshake hilft Ihnen dabei, den Tagesbedarf an Eiweiß zu decken. Wenn Sie eine schnelle Regeneration wollen, sollten Sie gleich nach dem Radfahren einen Proteinshake zu sich nehmen, da der Körper in der ersten Stunde nach der Anstrengung am aufnahmefähigsten ist.

Zutaten

- *3 Kugeln Sorbeteis von roten Früchten*
- *100 ml Granatapfelsaft*
- *50 ml Rübensaft*
- *Minzblätter und Pistazienkerne*

Zubereitungszeit 2 Minuten

- *1 Person*

ERNÄHRUNG &
Wettkämpfe

Profis gehen weit, wenn es um Ernährung geht. Sehr weit sogar. Einige Rennfahrer gehen gar hungrig ins Bett, nur um abzunehmen oder mager zu bleiben. Früher war das anders. Da aßen Profis, selbst bis weit nach dem Zweiten Weltkrieg, noch besonders viel Fleisch. Die Fahrer stopften sich den Bauch vor der nächsten Etappe randvoll. Zudem ging man ganz anders mit dem Thema Flüssigkeit(shaushalt) um. Wer kennt nicht die Geschichte von Abdel Kader Zaaf, der Algerier, der 1950 bei der Tour de France so viel Wein trank, dass er sich unter einem Baum ein Nickerchen gönnte und später die Rundfahrt gar ganz aufgeben musste.

Briek Schotte wurde 1948 in Valkenbrug Weltmeister. Sein größtes Geheimnis soll seine Ernährung mit Rosinenbrot gewesen sein, hieß es. Jean-Pierre Monseré gewann 21-jährig die Lombardeirundfahrt und aß jeden Morgen ein Pferdesteak. Loretto Petrucci nahm auf dem Klassiker Mailand–Sanremo zehn Brote mit, jedes mit 150 Gramm Fleisch belegt. Als Tüpfelchen auf dem i trank er 30 Kilometer vor dem Ziel noch ein Glas Champagner. Er gewann Mailand–Sanremo 1952 und 1953 zweimal in Folge. Solcherlei Anekdoten über Rennen und skurrile Ernährungsgewohn-heiten gibt es viele. Allerdings werden heute solche Geschichten wohl nicht mehr entstehen. Jetzt, da jedermann weiß, was gut ist für Radsportler, würde es wohl nur noch um Pasta gehen.

Mittag- oder Abendessen
Suppen

Feuchtigkeitsbinder

Suppe besteht meist aus nichts anderem als Wasser und Gemüse. Daher ist sie perfekt, um den Körper mit Flüssigkeit und Vitaminen zu versorgen. Für Rennradfahrer, insbesondere Profis, hat Suppe aber eine weitere wichtige Bedeutung: Es geht vor allem darum, möglichst wenig Flüssigkeit zu verlieren und den Flüssigkeitshaushalt ausgeglichen zu gestalten.

»Eine Minestrone ist ein perfektes Mittagessen.«

Daher werden Suppen vor allem an warmen Tagen serviert. Natürlich kann eine Suppe auch prima als Vorspeise dienen. Eigentlich kann man Suppe den ganzen Tag zu sich nehmen. Wählen Sie aber immer frische Zutaten, sodass Sie alle nötigen Vitamine enthält. Eine Suppe, die diese Bedingungen erfüllt und auf Seite 58 zu finden ist, ist die Minestrone. Für den ambitionierten Radfahrer, der auch nachmittags noch unterwegs sein möchte, ist solch eine Minestrone ein perfektes Mittagsgericht. Sollten Sie also gerade von der Arbeit kommen und wollen noch testen, was in Ihren Beinen steckt, dann blättern Sie direkt zu Seite 58.

Inhalt

Wissenswertes

- *Eine Suppe tut gleich siebenfach gut: Suppe stillt den Hunger und löscht den Durst, sie sättigt, reinigt die Zähne, macht schläfrig, macht schlank und rosige Wangen.*

Brokkolisuppe

Brokkoli enthält neben Entzündungshemmern auch viele Vitamine. Darum ist Brokkoli außerordentlich gut geeignet, Ihre Widerstandskräfte zu stärken.

❶ Brokkoli kleinschneiden.

❷ In einem Topf die Zwiebel mit der Butter glasig dünsten und den Brokkoli zugeben. Etwas Salz und Pfeffer drüberstreuen und 6 bis 7 Minuten auf kleiner Flamme köcheln lassen.

❸ Das Mehl hinzufügen und auf mittlerer Flamme 3 Minuten regelmäßig umrühren.

❹ Die Brühe nach und nach über den Brokkoli geben. Die Suppe soll nicht klumpen.

❺ Das Basilikum, Lorbeerblatt und Petersilie zugeben und die Brokkolisuppe auf kleiner Flamme 30 Minuten sanft köcheln lassen.

❻ Das Lorbeerblatt entfernen. Die Suppe durch ein Sieb passieren oder mit dem Stabmixer pürieren.

❼ Die Suppe mit Zitronensaft, Pfeffer und Salz abschmecken. Zuletzt die Crème fraîche unter die Suppe rühren.

Zutaten

* 500 g Brokkoli (gewaschen)
* 1 Lorbeerblatt
* 1 EL Frische Petersilie, fein gehackt
* ½ Bund frisches Basilikum, fein geschnitten
* 1 Zwiebel, fein gehackt
* 45 g Butter
* 4 EL Mehl
* 1 ½ l warme Bouillon
* 2 EL fettarme Crème fraîche
* Zitronensaft von 1 Zitrone

Zubereitungszeit 45 Minuten

* 2 Liter Suppe

Variation

Statt Brokkoli kann man auch Gemüsesorten wie Knollensellerie, Pastinake oder Kürbis verwenden.

Brocco-Kresse
Wappnet Sie

Tomatensuppe

Diese Suppe ist gut geeignet für heiße Tage, da sie reichlich Salz enthält. So kann der Körper an warmen Tagen Flüssigkeit besser speichern.

❶ Den Backofen auf 180 °C vorheizen.

❷ Die Tomaten halbieren und mit Honig und Olivenöl bestreichen. 1,5 Stunden karamellisieren lassen (oder 6 Stunden bei 110 °C).

❸ Die Schalotten, Tom-Yum-Paste und den Knoblauch in einem Topf anbräunen. Die Tomaten dazugeben und kurz mitkochen.

❹ Die Mischung mit den pürierten Tomaten ablöschen, die Bouillon dazugeben und 5 Minuten köcheln lassen. Die Suppe mit Salz, Pfeffer und ggf. etwas Honig abschmecken. Einen Löffel Créme fraîche dazugeben und mit etwas glatter Petersilie garnieren.

Zutaten

- *2 kg reife Tomaten*
- *50 ml Olivenöl*
- *2 EL Honig*
- *4 feingehackte Schalotten*
- *3 Knoblauchzehen*
- *2 TL Tom-Yum-Paste*
- *1 Dose geschälte Tomaten (fein püriert)*
- *1 l Gemüsebouillon*
- *100 ml fettarme Crème fraîche*
- *4 Stängel glatte Petersilie grob gehackt*

Zubereitungszeit 100 Minuten

- *4 Personen*

Vitaminbooster

Minestrone

Wussten Sie, dass …

die Kunst bei einer guten Minestrone ist, dass das Gemüse bissfest bleibt?

Durch die Pasta ist Minestrone eine Quelle an Vitaminen und Kohlenhydraten. Wenn man nachmittags aufs Rad steigen möchte, ist diese reichhaltige Suppe gut als Mittagessen geeignet.

❶ Das Gemüse schneiden, aber nicht zu klein. Die Tomaten kurz mit heißem Wasser überbrühen, damit man die Schale abziehen kann.

❷ Das Olivenöl in einem großen Topf erhitzen und darin Zwiebel und Knoblauch glasig dünsten. Die eingeweichten Bohnen sowie die geschnittenen Kartoffeln, Möhren, Sellerie, Blumenkohlröschen und die Tomaten dazugeben. Den Deckel auflegen und alles kurz aufkochen lassen. Immer wieder umrühren, damit nichts anbrennt.

❸ Nach 10 Minuten das Wasser dazugießen und alles wieder zum Kochen bringen. Den Herd herunterschalten und die Suppe eine halbe Stunde auf kleiner Flamme köcheln lassen

❹ Nach der halben Stunde den Brokkoli, die Erbsen, die Zucchini und die Kichererbsen hinzufügen. Die Pasta bissfest (al dente) kochen.

❺ Wenn die Pasta fertig ist, diese zur Suppe geben und noch 5 Minuten kochen lassen. Die Suppe mit frischem Pfeffer und gemahlenem Meersalz abschmecken. Mit Parmigiano Reggiano servieren.

Zutaten

- 225 g reife Tomaten
- 75 g Erbsen (frisch oder aus der Kühltruhe)
- 50 g Brokkoli und 1 kleine Kartoffel
- ½ mittlere Zwiebel und eine Knoblauchzehe
- ¼ Zucchini und 1/4 Blumenkohl
- 1 Stangensellerie und 1 Wintermöhre
- getrocknete Linsen und Cannellinibohnen, je 25 g: zusammen über Nacht in Wasser einweichen
- eine kleine Dose Kichererbsen
- 50 g Nudeln
- 1 Schuss Olivenöl und 1,25 l Wasser
- geraspelter Parmigiano Reggiano
- frisch gemahlener Pfeffer und Meersalz

Zubereitungszeit 50 Minuten

- 4 Personen (Achtung: die Bohnen über Nacht in Wasser einweichen)

Nudelsuppe mit Ingwer

Wussten Sie, dass …

Ingwer den Speichelfluss erhöht, wodurch die Nahrung besser verdaut wird? Damit unterstützt Ingwer Menschen, die ein paar Kilo abnehmen möchten.

Ingwer hat einen erwärmenden Effekt und stimuliert die Durchblutung. Wer unter einem Blähbauch leidet, dem kann Ingwer helfen. Außerdem unterstützt Ingwer den Körper zu entschlacken.

❶ 4 Knoblauchzehen und den Ingwer sehr klein schneiden. Die Champignons in Scheiben schneiden.

❷ Knoblauch, Ingwer und Champignons in einem Topf anbraten. Tofu in Würfel schneiden, dazugeben und mitbraten. Die Gemüsebouillon, Sojasoße und Reiswein dazugießen und 5 Minuten kochen lassen.

❸ Die Eiernudeln zur Suppe geben und das ganze 10 Minuten kochen lassen. Während der letzten 5 Minuten die Chilischote mitkochen.

❹ Währenddessen den Paksoi in grobe Stücke und Frühlingszwiebel in feine Ringe schneiden. Den Paksoi zur Suppe geben und diese mit Salz und Pfeffer abschmecken.

❺ Zuletzt die Frühlingszwiebeln und Sojasprossen zugeben.

Zutaten

- 1 walnussgroßes Stück Ingwer
- 4 Zehen frischer Knoblauch
- 100 ml Sojasoße Kikkoman
- 50 ml Reiswein
- 1 l Gemüsebouillon
- 150 g Tofu
- 150 g Champignons
- 150 g chinesische Nudeln
- 1 getrocknete Chilischote
- ½ Paksoi
- 20 g Sojasprossen
- 2 Frühlingszwiebeln

Zubereitungszeit 30 Minuten

- 4 Personen

Mediterrane Linsensuppe

Linsen waren lange als Hippiespeise verschrien, passen aber hervorragend in den Speiseplan von sich vegetarisch ernährenden Rennradfahrern. Sie liefern viel Eisen und sind daher ein guter Fleischersatz. So wie alle Hülsenfrüchte sind Linsen reich an Ballaststoffen, Proteinen und vielen gesunden Mineralien.

❶ Das Olivenöl in einem großen Topf erhitzen.
❷ Speck, Knoblauch und Zwiebel anbraten (nicht verbrennen lassen).
❸ Die eingeweichten Linsen, Paprika, Stangensellerie, Kartoffeln und Tomaten hinzufügen und sanft anbräunen.
❹ Das Wasser dazugeben und die Suppe sanft köcheln lassen, bis die Linsen gar sind.
❺ Sobald die Linsen gar sind, die Hälfte der Suppe aus dem Topf gießen. Den verbleibenden Inhalt mit einem Stabmixer pürieren, bis die Suppe bindet. Die restliche Suppe zugeben und mit Salz und Pfeffer abschmecken.

Zutaten

* 250 g getrocknete Linsen (3 Stunden lang in lauwarmem Wasser einweichen)
* 30 g magerer Speck
* 1 EL Olivenöl (extra virgin)
* 1 Zwiebel, fein geschnitten
* 1 rote Paprika, in Stücken
* 1 Zehe Knoblauch, fein geschnitten
* 2 große Fleischtomaten, fein geschnitten
* 1 Stangensellerie, fein geschnitten
* 500 ml Wasser (oder nach Bedarf)
* 2 Kartoffeln, in Stücke geschnitten

Zubereitungszeit 50 Minuten

* 4 Personen

Variation

Für einen herzhaften Geschmack kann man zuletzt noch Chorizo (spanische Wurst) zugeben.

Luft holen, alles geben

ERNÄHRUNG &
Zeitfahren

Den Blick nach vorn gerichtet

Auf der Sattelspitze

Stampfen

Ob es nun um einen Prolog oder eine Etappe von 40 Kilometer geht: Die Fahrt gegen die Uhr entscheidet immer öfter über das Endklassement einer großen Rundfahrt. Das liegt daran, dass das Fahrerfeld in den Bergen immer enger zusammenrückt, während bei langen Zeitfahrten recht große Unterschiede entstehen. Wer sich die Ergebnisliste der Tour de France anschaut, der wird immer häufiger sehen, dass vor allem renommierte Zeitfahrer das Gelbe Trikot nach Paris tragen. Für ein gutes Zeitfahren ist Training und eine perfekte Sitzposition auf dem Rad unerlässlich. Die richtige Ernährung spielt auch eine Rolle, aber da ein Zeitfahren meist nicht länger als eine Stunde dauert, haben die Fahrer viel weniger Kohlenhydrate nötig als bei einer langen Etappe. Essen beim Zeitfahren ist daher auch nicht erforderlich. Wichtig ist einzig eine Trinkflasche mit einem Durstlöscher, um bei längeren Etappen (mehr als 10 Kilometer) der Dehydration vorzubeugen. Trinken Sie immer dann, wenn die Strecke es zulässt, am besten auf einem Teilstück mit niedriger Geschwindigkeit. Was die Ernährung angeht, ist ein gutes Frühstück ausreichend. Ob es ein Mittagessen gibt, hängt von der Startzeit ab. Wichtig: Zwei Stunden vor dem Start nichts mehr essen. Wasser hingegen sollte man vor dem Start unbedingt trinken. Im Anschluss an das Zeitfahren ist genug Zeit, um die Kohlenhydratspeicher aufzufüllen.

Salate

Mittag- oder Abendessen

Für die »leichte« Belastung

Obwohl Salate gesund sind, gehören sie nicht zu den optimalen Gerichten für Radfahrer. Salate sind schwer verdaulich und behindern die Aufnahme von Kohlenhydraten. Dennoch steht im Peloton häufig Salat auf der Speisenkarte.

»Die rote Paprika enthält dreimal so viel Vitamin C wie eine Orange.«

Dies gilt besonders vor flachen und eher einfacheren Etappen, bei denen es weniger um großen Kalorienverbrauch, sondern vornehmlich um eine gesunde Ernährung geht. Die rote Paprika enthält nämlich dreimal so viel Vitamin C wie eine Orange. Doch auch getrocknete Früchte passen prima zum Salat. Getrocknete Früchte enthalten viel Eisen und Zucker, wichtige Komponenten für die Kohlenhydratspeicher und den Sauerstofftransport.

Salate eignen sich auch prima als Mittagessen. Ein Pastasalat mit Thunfisch wie auf Seite 70 enthält beispielsweise viel Eisen, Eiweiß und Kohlenhydrate. Ein anderer supergesunder Salat ist der Nusssalat auf Seite 72.

Inhalt

Wissenswertes

- *Tofu ist ein kalorienarmes und eiweißreiches Produkt, das alle wichtigen Aminosäuren und Mineralien wie Natrium, Kalium, Calcium, Phosphor, Magnesium, Eisen, Zink und die Vitamine B1, B2 und B3 enthält. Tofu wird aus geronnener Sojamilch hergestellt und eignet sich daher besonders gut für Vegetarier bzw. Veganer.*

Arabischer Brotsalat

Ein herrlich frischer Salat voller frischer Zutaten und durch das Brot sehr kohlenhydrathaltig. Das knusprige Brot nimmt das Dressing des Salats auf und ist dadurch saftig von innen und knusprig von außen.

❶ Die Gurke waschen, der Länge nach durchschneiden, die Kerne entfernen und in kleine Würfel schneiden.

❷ Die Tomaten waschen und würfeln. Die Kerne und Stiele entfernen und die Tomaten in kleine Würfel schneiden. Die Frühlingszwiebel putzen und in Ringe schneiden. Den Koriander grob hacken.

❸ Für das Dressing eine Knoblauchzehe schälen und über drei Esslöffel Olivenöl pressen. Zitronensaft und Minze dazugeben und mit Salz und Pfeffer abschmecken.

❹ Die Brotscheiben toasten und in zwei Esslöffeln Olivenöl mit einer ausgepressten Knoblauchzehe braten.

❺ Gurke, Zwiebel, Tomate und das Dressing in einer großen Schüssel mischen. Das Brot grob zerbröseln, mit dem Koriander über den Salat streuen und nach belieben mit Rucola verfeinern.

Zutaten

- *1 Gurke*
- *4 Tomaten*
- *2 Frühlingszwiebeln*
- *4 Stängel Koriander*
- *2 Scheiben Dinkelbrot*

Dressing

- *2 Zehen Knoblauch*
- *5 EL Olivenöl*
- *2 EL Zitronensaft*
- *½ TL Minze*
- *Salz, frisch gemahlener Pfeffer*

Zubereitungszeit 10 Minuten

- *4 Personen*

Variation

Statt Dinkelbrot kann man auch Pitabrot verwenden.

Lecker und gut

Nudelsalat mit Thunfisch

Dieser Salat ist nicht zu mächtig, enthält Eisen, Eiweiße und Kohlenhydrate und eignet sich als leichtes Mittagessen.

❶ Die Nudeln al dente kochen und abkühlen lassen.

❷ Die Bohnen 2 Minuten in kochendem Wasser blanchieren.

❸ Die Oliven und den Mais gut abtropfen lassen. Paprika in Streifen schneiden, die Tomaten in sechs Stücke und die rote Zwiebel in Ringe.

❹ Zusammen mit dem Thunfisch gut durchmischen und die Nudeln mit der Crème fraîche und dem Pesto anmachen.

Zutaten

- *150 g Nudeln*
- *2 Dosen Thunfisch im eigenen Saft*
- *1 rote Zwiebel*
- *1 rote Paprika*
- *2 Tomaten*
- *100 g grüne Bohnen*
- *1 Dose Mais*
- *30 g Olivenringe*
- *3 EL Pesto (rot oder grün, s. Rezepte auf S. 138 und 140)*
- *5 EL fettarme Crème fraîche oder griechischer Joghurt*

Zubereitungszeit 12 Minuten

- *4 Personen*

Die Omega-3-Bombe

Nusssalat mit getrockneten Früchten

Eine Handvoll Nüsse ist voller gesunder Fette, Eiweiße, Ballaststoffe und den Vitaminen B1, B2, B6 und E. Außerdem enthalten Nüsse auch die Mineralien Folsäure, Magnesium, Kalzium, Zink, Kalium und Selen.

❶ Die harten Stiele vom Spinat entfernen und den Spinat in kaltem Wasser mit etwas Salz waschen.

❷ Den gewaschenen Spinat gut in einem Sieb abtropfen lassen.

❸ Die rote Zwiebel schneiden. Dann Spinat, Rucola, rote Zwiebel, Nüsse, Knoblauch, Fetakäse, Rote Bete, Mangostreifen und die getrockneten Aprikosen sowie Cranberries gut vermischen.

❹ Aus dem Joghurt, Zitronensaft und Minze ein Dressing mixen und mit einem Löffel über den Salat geben.

❺ Den Parmesan über den Salat streuen und ihn mit Olivenöl beträufeln.

Zutaten

- *300 g frischer italienischer Spinat*
- *10 g Rucola und eine rote Zwiebel*
- *4 EL griechischer Joghurt*
- *10 Blätter Minze für das Dressing*
- *200 g gemischte Nüsse (Walnüsse, Mandeln, Cashewkerne)*
- *3 EL Olivenöl*
- *1 Zehe Knoblauch, fein gehackt*
- *100 g Fetakäse in Würfel*
- *geriebener Parmesan*
- *150 g getrocknete Aprikosen, Mango in Scheiben und getrocknete Cranberries*
- *2 gekochte Rote Bete in großen Stücken*

Zubereitungszeit 10 Minuten

- *4 Personen*

Reissalat mit Tofu

Tofu ist ein guter Fleischersatz und daher eine geeignete Nahrungsquelle für den vegetarischen Sportler. Es ist ein kalorienarmes und eiweißreiches Produkt, das alle wichtigen Aminosäuren und Mineralien enthält.

❶ Den Reis kochen und abkühlen lassen.

❷ Die Tomaten in sechs Stücke und die rote Zwiebel in Ringe schneiden. Die Chilischote auf dem Schneidebrett rollen, sodass sich die Kerne lösen und halbieren, die Kerne entfernen und Schote fein schneiden. Die Petersilie grob hacken.

❸ Tofu, Ingwer und Chili in einem Wok/Wokpfanne anbraten. Zuletzt das Sesamöl zugeben. Alles abkühlen lassen.

❹ Tomaten, Petersilie, Oliven und Reis mischen. Mit Limettensaft und Olivenöl beträufeln.

❺ Die Tofumischung locker auf dem Reis verteilen und zuletzt das Basilikum und die Frühlingszwiebeln dazugeben.

Zutaten

- *250 g Reis*
- *4 geschälte Tomaten*
- *100 g Oliven in Ringen*
- *200 g Tofu*
- *2 Frühlingszwiebeln*
- *1 Stück geriebener Ingwer*
- *1 Löffel Sesamöl*
- *1 ½ EL Limettensaft*
- *1 Chilischote*
- *1 ½ EL Olivenöl*
- *¼ Bund glatte Petersilie*
- *¼ Bund Basilikum*

Zubereitungszeit 20 Minuten

- *4 Personen*

Variation

Den Salat mit einer Handvoll Walnüsse bestreuen.

Nudelsalat mit rotem Pesto

Ein leckerer Salat als Vorspeise, der sicherstellt, dass für den nächsten Tag genügend Kohlenhydrate an Bord sind.

❶ Die Pasta gemäß der Gebrauchsanweisung auf der Packung mit dem Öl und etwas Salz al dente kochen. Anschließend abgießen und vollständig abkühlen lassen.

❷ Schneiden Sie, während die Nudeln kochen, den Mozzarella in grobe Stücke. Lassen Sie Tomaten und Artischocken abtropfen und zerteilen Sie diese grob. Auch die Kapern abtropfen lassen, die Oreganoblätter abschneiden und grob zerhacken.

❸ Geben Sie die Nudeln in eine große Schüssel und rühren Sie das Pesto unter.

❹ Jetzt die restlichen Zutaten zugeben und nochmals durchmischen.

Zutaten für die Pasta

- *200 g kurze Nudeln*
- *1 EL Olivenöl*
- *Salz*

Zutaten für den Salat

- *4 EL rotes Pesto (Siehe Rezept S. 140)*
- *125 g Mozzarella*
- *10 getrocknete Tomaten in Öl*
- *2 EL Kapern*
- *240 g Artischocken aus der Dose*
- *3 Zweige frisches Oregano*
- *40 g Rucola*

Zubereitungszeit 10 Minuten

- *4 Personen*

Nudelsalat mit Fenchel und geräuchertem Hühnchen

Wussten Sie, dass ...

Fenchel unter anderem bei Darmproblemen hilft?

Dieser herrliche Salat eignet sich besonders für warmes Wetter, wenn man wenig Lust auf Riesenportionen hat. Der Salat spendet ausreichend Energie für die nächste Etappe.

❶ Kochen Sie die Nudeln al dente und lassen Sie sie abtropfen.

❷ Das Hühnchen in Stücke schneiden.

❸ Mit einer Käsereibe den Fenchel in Scheiben schneiden und mit Zitronen, Olivenöl sowie Pfeffer und Salz abschmecken.

❹ Den grünen Spargel fünf Minuten kochen und die rote Paprika in Stücke schneiden.

❺ Pressen Sie die Orange aus und bereiten Sie aus dem Saft, dem Senf und drei Esslöffeln Olivenöl ein Dressing.

❻ Alles luftig unterheben und zuletzt das Dressing zugeben.

❼ Zum Schluss streuen Sie den Parmesan, die Gartenkresse und die Brocco-Kresse über den Salat.

Zutaten

- *150 g Nudeln*
- *150 g geräuchertes Hühnchen*
- *4 Stangen grüner Spargel*
- *½ rote Paprika*
- *1 Fenchelknolle*
- *1 EL Senf*
- *1 Orange*
- *1 EL Drachenkrautblätter*
- *Parmesan*
- *Gartenkresse*
- *Brocco-Kresse*
- *5 EL Olivenöl*
- *Der Saft einer halben Zitrone*

Zubereitungszeit 15 Minuten

- *4 Personen*

Quinoa-Salat mit Ingwer und Brokkoli

Tipp

Quinoa ist auch vorgekocht erhält-lich. Dann muss nur noch die heiße Bouillon zugefügt werden.

Dieser Salat eignet sich besonders für Vegetarier. Zusätzlich zu einer Menge Kohlenhydraten enthält Quinoa viel Eiweiß und ist randvoll mit Vitaminen.

❶ Kochen Sie den Quinoa (siehe Seite 151) und lassen Sie ihn gut abtrocknen.

❷ Die Tomaten schälen und in Würfel schneiden.

❸ Die Gurken der Länge nach aufschneiden und die Kerne entfernen. Danach in Würfel zerteilen. Den Knoblauch hacken.

❹ Den Brokkoli in kleine Rosen zerteilen und blanchieren.

❺ Minze, Ingwer und Petersilie fein zerkleinern. Die Radieschen in feine Scheiben schneiden. Die Frühlingszwiebeln in Ringe zerteilen.

❻ Alle Zutaten in einer großen Schüssel durchmischen. Dann Quinoa, Zitronensaft und das Olivenöl zugeben und erneut mischen. Zuletzt die Schüssel eine Stunde in den Kühlschrank stellen, damit sich der Geschmack gut ausbildet.

❼ Den Salat auf grünen Salatblättern mit Brocco-Kresse servieren.

Zutaten

- *125 g Quinoa*
- *3 Tomaten*
- *1 Brokkoli*
- *1 ½ Salatgurken*
- *2 Frühlingszwiebeln*
- *2 Knoblauchzehen*
- *¾ Bund Blattpetersilie*
- *1 Stück frischer Ingwer*
- *8 Radieschen*
- *20 g frische Minze*
- *1 TL Salz*
- *Zitronensaft*
- *100 ml Olivenöl*
- *1 Schale Brocco-Kresse*

Zubereitungszeit 30 Minuten

- *4 Radfahrer*

Rote-Bete-Salat mit Crème fraîche

Wussten Sie, dass ...

der »Genuss« von Rote-Bete-Saft das Durchhaltevermögen sowie die Blutzufuhr zum Gehirn verbessert und zu hohen Blutdruck senkt? Zudem sagt man ihm nach, dass er gut für die Haut ist.

Rote Bete enthält viele Antioxidantien und krebsvorbeugende Stoffe. Zudem enthalten Rote Bete Mangan, was wiederum dafür sorgt, dass die Vitamine C und B1 bei Höchstleistung besser verarbeitet werden.

❶ Reinigen Sie die Rote Bete und schneiden Sie sie in grobe Stücke.

❷ Geben Sie den Saft und die geriebene Schale der Limone zu. Danach mit Olivenöl sowie Pfeffer und Salz abschmecken und alles umrühren.

❸ Mischen Sie den geriebenen Meerrettich in die Crème fraîche (je mehr Meerrettich, desto mehr Geschmack!). Weiter abschmecken mit Pfeffer und Salz.

❹ Legen Sie die Rote Bete in einen tiefen Teller und geben Sie die Crème fraîche mit einem Löffel darüber.

❺ Zuletzt die Gartenkresse schneiden und damit garnieren.

Zutaten

- 250 g gekochte Rote Bete
- Schuss Olivenöl
- Saft von ¼ Limone
- Geriebene Schale von ¼ Limone
- Ein Stück frischer Meerrettich
- 100 ml Crème fraîche
- ½ Schale Gartenkresse

Zubereitungszeit 10 Minuten

- 4 Personen

Salat aus Ofengemüse

Tipp

Sie können das Gemüse auch direkt warm aus dem Ofen servieren.

Geröstetes Gemüse ist lecker. Die Flüssigkeit ist verdunstet und zurück bleibt der reine Geschmack. Übrigens hat jedes Gemüse auch Zucker in sich, der im Ofen karamellisiert, sodass das Gemüse dann etwas süßer schmeckt.

❶ Schälen Sie die Sommermöhren, die Pastinaken und den Kürbis und vermischen Sie alles mit Olivenöl, Knoblauch, grobem Meersalz, Pfeffer und Rosmarinzweigen.

❷ Legen Sie alles auf ein Backblech und stellen Sie das Blech in den auf 140°C vorgeheizten Ofen. Nach etwa 30 Minuten ist alles fertig. Jetzt noch abkühlen lassen.

❸ Mischen Sie die Rosinen unter und fügen Sie ein paar Spritzer des Zitronensaftes und des Olivenöls zu.

❹ Zuletzt abschmecken mit Pfeffer und Salz.

Zutaten

- *1 Bund Sommermöhren*
- *4 Pastinaken*
- *1 kleiner Kürbis*
- *100 ml Olivenöl*
- *2 Knoblauchzehen*
- *Pfeffer und Meersalz*
- *2 Zweige Rosmarin*
- *Eine Handvoll Rosinen*
- *½ Zitrone*

Zubereitungszeit 35 Minuten

- *2 Personen*

Variation

Mischen Sie Rucola hinzu.

ERNÄHRUNG &
Extremes Wetter

Flüssigkeitsverlust bedeutet Konzentrationsverlust

Nicht vergessen: viel trinken!

Eine Cola für schnellen Zucker

Eine häufige Annahme ist, dass man im Winter weniger Flüssigkeit verliert. Doch ein Griff unter das Trikot macht auch im Winter schnell deutlich, dass Sie kräftig schwitzen. Flüssigkeit ist also enorm wichtig, im Sommer wie im Winter. Natürlich ist der Flüssigkeitsverlust bei extremen Temperaturen (über 25 °C) am höchsten. Eine Möglichkeit, dem entgegenzusteuern, ist die Aufnahme von Salz. Bei Profis werden die Trinkflaschen bei heißem Wetter mit dem Nahrungsergänzungsmittel SuperHydro angereichert. Wie viel Flüssigkeit verloren geht, hängt individuell vom Fahrer ab. Das kann man ausrechnen, durch einen Gang auf die Waage vor und nach dem Training. Wenn während des Trainings mehr als zwei Prozent des Gewichts verloren gehen, ist zu wenig getrunken worden. Zu wenig Flüssigkeit erhöht die Körpertemperatur, wodurch man weniger schwitzt, und das wiederum erhöht die Anfälligkeit für Krämpfe und Austrocknung. Bei Touren von mehr als einer Stunde ist es ratsam, zwischen 125 und 250 ml Flüssigkeit pro Viertelstunde zu sich zu nehmen, was in etwa einer Trinkflasche pro Stunde entspricht. Bei Touren bis zu einer Stunde reicht Wasser völlig aus, doch bei längerer körperlicher Anstrengung ist ein Sportgetränk als Durstlöscher die beste Wahl. Der beste Durstlöscher ist ein isotonisches Getränk, da damit schnellstmöglich Flüssigkeit als auch Energie zugeführt werden. Achten Sie darauf, dass Sie auch dann weiter trinken, wenn Sie gerade kein Durstgefühl verspüren. Zusammengefasst: Niedrige Temperaturen fordern vom Körper mehr Energie als Wärme. Daher ist es wichtig, immer ausreichend zu essen. Denken Sie auch daran, immer etwas Extra-Energie mitzunehmen. Doch trinken Sie auch bei Kälte ausreichend, auch im Winter schwitzt der Körper. Bei hohen Temperaturen ist es wichtig, genügend Flüssigkeit zu sich zu nehmen und den Flüssigkeitshaushalt im Gleichgewicht zu halten.

Abendessen

Kohlenhydrate im Überfluss

Kohlenhydrate, Kohlenhydrate, Eiweiß, gesundes Fett und Kohlenhydrate. Daraus besteht das perfekte Abendessen. Und das Dinner ist das Startsignal für die nächste Etappe. Natürlich kann man auch mit einem »schlechten« Abendessen am nächsten Tag wieder fahren. Nur: Vergleichen Sie Ihren Körper einmal mit dem Material, auf dem Sie fahren. Dann ist es so, als ob Sie beim Start etwas weniger Luft in den Reifen hätten als Ihre Konkurrenten. Zu Beginn merkt man das kaum, der höhere Rollwiderstand wegen der fehlenden Luft wird einfach mit Kraft kompensiert. Doch je weiter das Rennen fortschreitet, desto deutlicher wird Ihnen bewusst, dass Sie besser einen weiteren Teller Nudeln statt eines großen Steaks gegessen hätten. Beim Abendessen geht es daher um einen hohen Kohlenhydratgehalt in Verbindung mit einem niedrigen Sättigungswert, weil sich sonst das Völlegefühl zu schnell einstellt. Nehmen Sie ein 300 Gramm schweres Stück Fleisch – sehr lecker, aber unbehandelte Fleischprodukte enthalten nun mal keine Kohlenhydrate. Essen Sie darum abends keine großen Mengen an Salat und passen Sie auf mit Kartoffeln.

»Ein 300 g Stück Fleisch ist natürlich lecker. Aber es fehlen Ihnen dadurch nachher Kohlenhydrate.«

Kartoffeln sind viel weniger geeignet als Nudel- oder Reisgerichte, da sie ein größeres Volumen beinhalten und daher pro Portion weniger Kohlenhydrate liefern. Wählen Sie daher immer eine kohlenhydratreiche Vorspeise, eine Nudel- oder Reismahlzeit als Hauptgang und als Dessert zum Beispiel ein Sorbeteis, das genügend Eiweiße enthält. Profifahrer essen zudem regelmäßig Fisch wie Makrele, Lachs, Aal oder Hering. Diese Fischsorten liefern Omega-3-Fettsäuren und sind gut für den Körper. Sie schützen unter anderem gegen Krankheiten des Herz-Kreislauf-Systems.

Inhalt

Wissenswertes

- *Pizza, wieso ungesund? Das hängt von den Zutaten ab. Man sollte auf fetten Käse oder Wurst verzichten.*

Geliebtes Gericht

Spaghetti mit Pangrattato

Tipp

Verwendet man Anchovis, gibt man diese zuerst in das Olivenöl und fügt im Anschluss Brotkrumen, Thymian und Knoblauch hinzu.

Spaghetti mit Pangrattato sind eine herrliche Mahlzeit, die man sehr schnell zubereiten kann. Vom Pangrattato sollte man immer etwas mehr zubereiten, da man es auch über Gemüse, Fisch, Fleisch und Salate streuen kann.

Die Pasta

❶ Stangensellerie und Chilischote in kleine Würfel scheiden, den Knoblauch fein hacken.

❷ Die Spagetti al dente kochen.

❸ Stangensellerie, Chilischote und Knoblauch anbraten. Die gekochten Spaghetti dazugeben und gut umrühren. Mit Pfeffer, Salz und ein einigen Tropfen Zitronensaft würzen.

Das Pangrattato (früher ein Ersatz für Parmesan)

❹ Das Olivenöl in eine Bratpfanne geben und die Brotkrume, Thymian und Knoblauch braten, bis alles goldbraun ist.

❺ Zuletzt die Zitrone hinzufügen und noch 30 Sekunden weiter braten. Mit Salz und Pfeffer abschmecken und auf Küchenkrepp abkühlen lassen. Die Spaghetti auf den Teller geben und mit Pangrattato und Parmesan bestreuen.

Zutaten für die Pasta

- *250 g Spaghetti*
- *½ Stangensellerie*
- *½ Chilischote*
- *1 Knoblauchzehe, 1 Stück Zitrone*
- *Olivenöl*
- *Parmesan*

Zutaten für das Pangrattato

- *200 g Brotkrume*
- *2 Knoblauchzehen (fein geschnitten)*
- *Schale einer ¼ Zitrone (nur das gelbe sehr fein schneiden)*
- *8 Löffel Olivenöl, Salz und Pfeffer (optional Anchovis)*
- *1 Stängel Thymian*

Zubereitungszeit 10 Minuten

- *4 Personen*

Gegrilltes Ribeye vom Kalb mit Orzo

Für dieses Rezept verwende ich Orzo. Orzo sind Nudeln, die wie Reis aussehen. Orzo ist vielseitig und wird in Italien hauptsachlich in Suppen verwendet.

❶ Einen Schuss Olivenöl in einem Topf erhitzen und Schalotten, Knoblauch und Stangensellerie auf kleiner Flamme anbraten. Den Orzo zugeben und unter ständigem Rühren kurz mit anbraten. Die Mischung mit Weißwein ablöschen und weiterrühren, bis der Wein verdampft ist.

❷ Die Bouillon suppenkellenweise hinzugeben. Die Flamme runterdrehen und die Flüssigkeit verkochen lassen, bevor man die nächste Kelle dazugibt. Regelmäßig umrühren. Nach 12 bis 15 Minuten ist die Pasta gar, dabei scheint es, dass die Nudeln beim Rühren durch den Topf wellen.

❸ Für die letzten Minuten die gehackte Petersilie, Erbsen, Paprika und Mais unter den Orzo heben und mit den Basilikumblättern garnieren.

❹ Das Ribeye von beiden Seiten circa 5 Minuten schön braun anbraten, wofür man eine trockene Grillplatte benutzt. Das Fleisch selbst besitzt ausreichend Fett, wodurch kein Öl benötigt wird.

❺ Nach dem Grillen mit Pfeffer und Salz würzen.

Zutaten

- *300 g Orzo*
- *100 g Schalotten (fein geschnitten)*
- *1 Knoblauchzehe (fein geschnitten)*
- *100 g Bleichsellerie (fein geschnitten)*
- *100 ml Weißwein*
- *1 l Gemüsebouillon*
- *1 dl Olivenöl*
- *Blattpetersilie (fein geschnitten)*
- *100 g junge Erbsen (am besten frisch)*
- *50 g gekochter Mais*
- *1 rote Paprika in Stücken*
- *Basilikumblätter*
- *4 Kalbsribeyes à 170 g*
- *Salz und Pfeffer*

Zubereitungszeit 25 Minuten

- *4 Personen*

Risotto mit Roter Bete und Brocco-Kresse

Dieses Risotto ist unglaublich gesund. Das Rezept enthält nicht nur viele Kohlenhydrate und Antioxidantien, sondern auch viel Vitamin C, der Brocco-Kresse sei Dank.

❶ Braten Sie die Bleichsellerie, die Schalotten und den Knoblauch kurz in etwas Olivenöl an.

❷ Fügen Sie das Risotto hinzu und rühren Sie den Reis, bis er glasig wird. Löschen Sie ihn mit Weißwein ab und kochen Sie ihn ein. Danach fügen Sie schrittweise die Bouillon hinzu, bis das Risotto den idealen Garzustand erreicht. Das Risotto ist gar, wenn sich zwischen Daumen und Zeigefinger beim Zerdrücken eines Reiskorns drei weiße Punkte zeigen.

❸ Fügen Sie zuletzt die Rote Bete, ein wenig Butter und die fein gehackte Petersilie hinzu.

❹ Garnieren Sie das Ganze auf einem Teller und streuen Sie etwas Brocco-Kresse darüber. Reiben Sie sodann etwas Parmesan über das Risotto und beträufeln Sie alles mit Olivenöl.

Zutaten

- *300 g Risotto*
- *100 g Schalotten (fein geschnitten)*
- *1 Knoblauchzehe (fein geschnitten)*
- *100 g Bleichsellerie (fein geschnitten)*
- *100 ml Weißwein und 100 ml Olivenöl*
- *1 l Gemüsebouillon*
- *150 g fein geschnittene Rote Bete*
- *Blattpetersilie (fein geschnitten)*
- *Parmesan*
- *1 Schale Brocco-Kresse*

Zubereitungszeit 15 Minuten

- *4 Personen*

Variation

Variieren Sie mit dünnen Anchovistreifen. Das Salz der Fische sorgt für eine feine Kombination mit dem süßlichen Geschmack der Roten Bete.

Besser geht's nicht

Risotto mit Nüssen und Frischkäse

Wussten Sie, dass ...

Nüsse (Haselnüsse, Walnüsse und Mandeln) mehr ungesättigte Fettsäuren enthalten als Cashewnüsse und Erdnüsse?

Risotto isst man immer mit einer Gabel.

Dieses Rezept ist sehr gesund. Der Reis enthält Kohlenhydrate und die Nüsse führen dem Körper Eisen sowie die Vitamine E und B zu.

❶ Stangensellerie, Schalotten und Knoblauch in etwas Olivenöl anbraten.

❷ Den Risottoreis unter Rühren dazugeben und braten, bis der Reis glasig ist. Mit etwas Weißwein ablöschen und den Wein einkochen. Die Bouillon suppenkellenweise zugeben, bis der Risottoreis gar ist. Er ist gar, wenn man ein Reiskorn zwischen Daumen und Zeigefinger drückt und man drei weiße Punkte sieht.

❸ Das Risotto vom Herd nehmen und ein Stück Butter zugeben. Pfeffer und Salz nach Geschmack zugeben.

❹ Den Frischkäse und die Nüsse unter Rühren zugeben.

❺ Das Risotto auf einen Teller geben und mit Olivenöl und Parmesankäse bestreuen. Zuletzt noch etwas fein gehackte glatte Petersilie und Salbei darüber geben.

Zutaten

- 300 g Risottoreis
- 100 g Schalotten (fein geschnitten)
- 1 Knoblauchzehe (fein geschnitten)
- 100 g Stangensellerie (fein geschnitten)
- 100 ml Weißwein
- 1 l Gemüsebouillon
- 100 ml Olivenöl
- glatte Petersilie
- Parmesankäse
- 2 Blätter Salbei
- 1 Stückchen Butter
- 75 g gemischte Nüsse
- 100 g Frischkäse
- Pfeffer und Salz

Zubereitungszeit 20 Minuten

- 4 Personen

Gedünsteter Lachs mit Salsa verde

Lachs ist genau wie viele andere Fischsorten sehr gesund. Lachs enthält viele Omega-3-Fettsäuren, die die Gefahr von Herz- und Gefäßkrankheiten, Arthritis und Depressionen mindern. Außerdem sorgen diese Fettsäuren für das Wachstum des Körpers und sind sehr gut für das Gehirn, die Nerven, Haut und Augen.

❶ In einem Topf etwas Wasser oder Fischbouillon zum Kochen bringen.
❷ Ein Stück Lachs auf etwas Aluminiumfolie legen.
❸ Aus Olivenöl, Dill, Koriander, Pfeffer und Salz eine Paste anrühren und das Lachsfilet damit bestreichen.
❹ Den Lachs 15 Minuten sanft im Topf köcheln lassen und schon ist er fertig.

Dazu Salsa verde servieren (Rezept auf S. 137).

Zutaten

- *4 Stücke Lachs á 160 g*
- *¼ Bund Dill*
- *¼ Bund Koriander*
- *Olivenöl*
- *Pfeffer*
- *Salz*

Zubereitungszeit 20 Minuten

- *4 Personen*

Achtung, nitratreiche Gemüsesorten sind:

Spinat, Kohl, Fenchel, Wasserkresse, Rettiche, Chinakohl, Portulak, Rote Bete, Rübe, Kerbel, Endivien, Kohlrabi, Radieschen, Sellerie und Paksoi.

Gebratener Reis mit gebratenem Hühnchen

Hühnchenschenkel schmecken sehr gut und sind sehr saftig. Außerdem ist dieses Gericht auch noch einfach zuzubereiten.

❶ Den Reis wie auf Seite 147 beschrieben zubereiten und die Kurkuma während des Kochens zugeben. Dadurch nimmt der Reis eine schöne gelbe Färbung an.

❷ Den gehackten Knoblauch in etwas Olivenöl goldbraun anbraten.

❸ Die geschnittene Staudensellerie, gehackten Zwiebel und das in Stücke geschnittene Hühnchen zu dem Knoblauch geben und in der Pfanne rühren, bis alles braun und gar ist. Die Limette darüber auspressen.

❹ Den Reis dazugeben und auf großer Flamme braten.

❺ Die Fischsoße in die Pfanne geben und gut untermischen.

❻ Die Eier verquirlen und zu dem Reis geben. Immer weiter rühren. Am besten geht das mit einem Pfannenwender. Nicht zu stark rühren, denn sonst brechen die Reiskörner.

❼ Zuletzt die geschnittenen Frühlingszwiebeln und den gehackten Koriander über das Gericht streuen.

Zutaten

- *300 g Reis (Rezept siehe S. 147)*
- *300 g Hühnchenschenkel*
- *½ rote Zwiebel und 3 Stängel Staudensellerie*
- *2 Knoblauchzehen*
- *4 Frühlingszwiebeln*
- *½ Limette und einen ¼ Bund Koriander*
- *2 EL Fischsoße*
- *2 Eier 1–½ TL Kurkuma*
- *Olivenöl*

Zubereitungszeit 25 Minuten

- *4 Personen*

Variation

Statt Huhn kann man auch mageren Fisch verwenden. Möchte man vegetarisch essen, gibt man wegen der Proteine und dem Eisen Hülsenfrüchte dazu.

Geröstetes Hühnchen mit Kartoffeln, Fenchel und Möhre

Dieses Gericht eignet sich wunderbar für Profifahrer, denn endlich gibt es etwas anderes als Pasta. Es wird meistens an Tagen serviert, an denen die Belastung nicht so hoch ist, wie beispielsweise an lockeren Trainings- oder Ruhetagen.

❶ Den Ofen auf 190 °C vorheizen.

❷ Die Kartoffeln, Möhren, Fenchel, gehackten Knoblauch und Rosmarin in eine große Schüssel geben und mit Olivenöl, Salz und Pfeffer beträufeln.

❸ Aus dem Olivenöl, Salbei und Honig mit dem Stabmixer eine Marinade herstellen.

❹ Das Hühnchen vollständig mit der Marinade bestreichen.

❺ Zuerst die Kartoffeln, Möhren und Fenchel in einer Ofenform oder dem tiefen Backblech verteilen.

❻ Das Hühnchen darauf legen und 45 Minuten im Ofen garen.

Zutaten

- *1 ganzes Hühnchen (800 g)*
- *8 kleine Kartoffeln (geviertelt)*
- *8 Sommermöhren (geschält)*
- *1 Fenchel (in 8 Stücke geschnitten)*
- *120 ml Olivenöl*
- *2 Zweige frischen Rosmarin*
- *1 ½ TL frischer Salbei*
- *2 EL Honig*
- *2 Knoblauchzehen*
- *Salz*
- *Pfeffer*

Zubereitungszeit 1 Stunde

- *4 Personen*

Veggieburger mit Linsen

Für die Vegetarier habe ich einen speziellen Veggieburger zusammengestellt, der alle Nährwerte enthält, die Sie als Sportler benötigen.

❶ Die Linsen 3 Stunden in lauwarmem Wasser einweichen.

❷ Die Möhre, den Lauch und die Zwiebel in kleine Würfeln schneiden. Das Öl in die Pfanne geben und Lauch, Zwiebel, Möhre und Knoblauch darin anbraten.

❸ Die abgetropften Linsen und die Gemüsebouillon dazugeben. Alles gut garen. Durch ein Sieb geben und die Flüssigkeit auffangen.

❹ Das Gemüse mit den Haferflocken (oder Quinoaflocken), dem Ei und den Kräutern im Standmixer oder mit dem Pürierstab pürieren, bis ein glatter Teig entsteht. Achtung: Die Mischung muss sehr fest bleiben.

❺ Die Mischung einige Minuten in den Kühlschrank stellen. Anschließend Burger daraus formen. Die Bratlinge in eine Schale legen und noch einige Minuten im Kühlschrank ruhen lassen.

❻ Währenddessen etwas Öl in einer Pfanne erhitzen. Die Burger etwa 5 Minuten von beiden Seiten braten. Sie sollten schön gebräunt sein.

❼ Die Burger können beispielsweise auf einer Scheibe Dinkelbrot mit Salsa verde oder Tomatensoße und Rucola serviert werden.

Zutaten für die Linsen

- *250 g Linsen, 1 Wintermöhre, 1 Zwiebel, 1 Knoblauchzehe, ½ Stange Lauch, ½ l Gemüsebouillon*

Zutaten Veggiburger

- *40 g Haferflocken (oder Quinoaflocken)*
- *1 Ei*
- *1 EL Chiliflocken (oder andere Gewürze)*
- *Salz und Pfeffer nach Geschmack*
- *etwas Flüssigkeit vom Sud der Linsen*

Zubereitungszeit 150 Minuten

Vorbereitungszeit 120 Minuten, Zubereiten 30 Minuten.

- *4 Burger*

Basisrezept Pizzateig (2 Personen)

❶ Die Hefe in 100 ml lauwarmen Wasser auflösen. Die Mischung 10 Minuten stehen lassen und anschließend zu einem glatten Brei rühren.

❷ Die beiden Sorten Mehl in einer Schüssel mischen. In der Mitte eine Kuhle formen und die aufgelöste Hefe dazugeben.

❸ Das restliche lauwarme Wasser zugeben und alles gut vermischen. Das Olivenöl und das Salz zugeben.

❹ Den Teig 15 Minuten lang kräftig kneten, bis eine elastische Kugel entsteht (der Teig ist fertig, wenn er nicht mehr klebt).

❺ Die Kugel mit einem feuchten Tuch abdecken und an einem warmen zugfreien Platz 30 bis 45 Minuten aufgehen lassen, bis der Umfang sich verdoppelt hat.

❻ Den Teig in zwei Portionen aufteilen. Die Arbeitsplatte mit etwas Mehl bestäuben und den Teig darauf mit der Handfläche plattdrücken. Den Teig kreisförmig mit etwa 20 cm Durchmesser ausrollen.

❼ Den Teig auf fettfreies Backpapier auf das Backblech legen und den Rand mit den Fingerspitzen etwas hochziehen, sodass der Belag nicht verlaufen kann. Die Soße und den Belag auf den beiden Pizzaböden verteilen.

❽ Die Pizza in der Mitte des vorgeheizten Ofens (275 °C) circa 10 Minuten backen.

Pizza

Oft wird Pizza als ungesund betrachtet, wenn man aber gesunde Zutaten verwendet und auf zu fetten Käse und Wurstwaren verzichtet, ist die Pizza besser als ihr Ruf. Darüber hinaus enthält Pizza auch reichlich Kohlenhydrate.

❶ Die Tomatensoße (s. S. 144) auf dem Pizzaboden verteilen.
❷ Die Pizza mit Gemüse wie Zucchini, Paprika und Champignons belegen und die Pizza backen.
❸ Wenn die Pizza aus dem Ofen kommt, kann man sie mit rohem Schinken und Rucola noch weiter verfeinern.

Zutaten

- 350 g Weißmehl
- 150 g hartes Weizenmehl (Manitoba)
- 50 ml Olivenöl
- 250 ml lauwarmes Wasser
- 4 g frische Hefe
- 12 g Salz
- Gemüse nach Wahl

Zubereitungszeit 60 Minuten

Zubereitungszeit Teig 25 Minuten, Gehzeit 30–45 Minuten, Backzeit 10 Minuten.

- *4 Pizzen*

Ofenkartoffeln mit Rosmarin und Knoblauch

Kartoffeln enthalten viele Kohlenhydrate und Ballaststoffe. Außerdem sind sie eine gute Energiequelle und verhelfen dem Körper zu einer guten Darmfunktion.

❶ Die Kartoffeln halbieren und in eine Schüssel geben.

❷ Die Kartoffeln mit Öl, Meersalz, Pfeffer, Rosmarinnadeln und gehacktem Knoblauch bestreuen.

❸ Die Schüssel mit den Kartoffeln für 15 Minuten in den auf 170 °C vorgewärmten Ofen stellen.

Zutaten

- *250 g kleine Kartoffeln*
- *2 Knoblauchzehen*
- *2 Rosmarinzweige*
- *Meersalz und Pfeffer*
- *Olivenöl*

Bereiding 20 Minuten

- *4 Personen*

ERNÄHRUNG & *Bergetappen*

Es gibt nichts Schöneres, als in den Bergen Rad zu fahren. Und das nicht allein wegen der Aussicht, den Haarnadelkurven oder den Geschichten, die dort geschrieben wurden, denn es geht zuallererst um die Herausforderung. Denn Radfahren in den Bergen ist äußerst beschwerlich. Essen Sie daher immer im richtigen Moment. Sobald der Weg kräftig ansteigt, fordert der Körper Ihnen alles ab, um den Anstieg zu schaffen. Dadurch wird das Essen erschwert.

Kurz vor einem Anstieg ist es sinnvoll, etwas zusätzliche Energie zu tanken, am besten mit etwas Herzhaftem. Während des Anstiegs kann der Fahrer dann auf Zucker zurückgreifen, der in Form von flüssiger Nahrung aufgenommen wird. Ein Gel ist leichter zu essen und liefert zudem viel schneller Energie als ein Riegel. Essen Sie zudem ausreichend. In aller Deutlichkeit: Bei der Tour de France verbraucht ein Fahrer im Schnitt etwa 5700 Kalorien pro Tag, bei schweren Bergetappen kann es sich bis auf 9000 Kalorien pro Tag steigern. Nun kann man Amateure nicht mit Profis vergleichen, dennoch sagen diese Zahlen viel aus über den Energiebedarf auf Bergetappen.

Was das Trinken in den Bergen angeht, gilt es zwei Dinge zu beachten. Zum einen: Ein Energydrink enthält viel mehr Kohlenhydrate als ein gewöhnliches Sportgetränk. Zum anderen absorbiert der Körper von einem isotonischen Durstlöscher viel schneller Flüssigkeit als von einem Energydrink. Eine Möglichkeit wäre also, eine Trinkflasche mit Wasser und eine zweite mit einem Energydrink zu füllen. Die andere Option lautet: Nehmen Sie zwei Flaschen mit einem Durstlöscher mit.

Übrigens: Wenn Sie sich bei einer Bergetappe dem Gipfel nähern, wird auch die Luft dünner. Diese dünne Luft bewirkt eine zusätzliche Austrocknung, da der Körper über die Lungen ständig Flüssigkeit verliert. Denken Sie also daran, stets genug zu trinken, besonders, wenn das Durstgefühl durch die niedrigeren Temperaturen reduziert wird.

Wie viele Kurven noch?

Stehen, sitzen, … Zeit zum Essen bleibt da wenig.

Nach dem Abrackern kommt die Abfahrt. Endlich!

Custom made for BO

Dessert

Ein zusätzlicher Schub

Obwohl ein Dessert an sich keinen Mehrwert für einen Rennfahrer hat, kann es dennoch einen zusätzlichen Schub für den nächsten Tag bedeuten. Wenn etwa eine schwere Etappe auf dem Programm steht, kann ein Nachtisch die Gesamtkohlenhydrataufnahme weiter erhöhen. Am besten wählen Sie dann ein Dessert mit einem hohen Kohlenhydrat- und Zuckergehalt, wie etwa ein Sorbeteis, dass kein Fett enthält. Um aus solch einem Sorbet einen geeigneten Nachtisch zu machen, wählt man am besten frische, rote Früchte wie Wald-, Erd- und Himbeeren. Diese Früchte enthalten viele Antioxidantien und sind daher gut für den Körper.

»Sorbeteis enthält kein Fett und eignet sich daher als Extraschub für die folgende, schwere Etappe!«

Eine leckere Alternative beim Dessert bietet Schokolade. So enthält Kakao genau wie Rotwein, grüner Tee, Beeren und Gemüse bioaktive Inhaltsstoffe. Und diese bioaktiven Ingredienzien arbeiten als Antioxidantien und schützen so den Körper. Wählen Sie jedoch immer reine Zartbitterschokolade, da diese mehr von diesen Inhaltsstoffen enthält als Weiße- oder Vollmilchschokolade. Und: Durch den hohen Zuckergehalt liefert ein Schokoladendessert dem Fahrer eine Menge Kalorien!

Inhalt

Wissenswertes

- *Je dunkler die Farbe einer roten Frucht, desto mehr Antioxidantien enthält sie.*
- *Ein Nachtisch ist für einen Rennfahrer oft nicht so wichtig. Doch ein Dessert mit vielen Kohlenhydraten kann für den nächsten Tag ein Extra-Boost sein, wenn eine schwere Etappe ansteht.*

Köstliche
Kohlenhydrate

Apfelkuchen

Wussten Sie, dass ...

in einem Umluftofen der Apfelkuchen nicht 50, sondern nur 35–40 Minuten backt?

❶ Sieben Sie das Mehl und geben Sie eine Prise Salz zu. Schneiden Sie die Butter in kleine Stücke und fügen Sie Rohrzucker, ein Ei, den Honig, Milch und Wasser hinzu. Kneten Sie die Mischung zu einem Teigball. Stellen Sie sie dann abgedeckt für 20 Minuten in den Kühlschrank.

❷ Weichen Sie die Rosinen in Wasser ein. Reiben Sie die Zitronenschale und pressen Sie die Zitrone aus. Schälen Sie sechs Äpfel, entfernen Sie das Kerngehäuse und schneiden Sie die Äpfel. Mischen Sie die Apfelstücke mit der Hälfte des Zitronensaftes, ½ Esslöffel geriebener Zitronenschale, Zimt, den aufgeweichten Rosinen, den Walnüssen, 1 Esslöffel fein geschnittenem Ingwer und 50 Gramm Rohrzucker. Schlagen Sie ein Ei hinein, zusammen mit der Milch und dem Puddingpulver. Das Ganze gut durchmischen.

❸ Rollen Sie ¾ des Teigs aus und legen Sie die Backform damit aus. Verteilen Sie die Füllung in der Teigschüssel.

❹ Schneiden Sie den restlichen Teig in Streifen und legen Sie diese kreuz und quer über die Füllung und drücken Sie die Ränder gut fest. Stellen Sie die Springform in die Mitte des 180 °C heißen Ofen und backen Sie den Kuchen in etwa 50 Minuten goldbraun.

❺ Nehmen Sie ihn nach 25 Minuten kurz aus dem Ofen und bestreichen Sie die Streifen mit einem Ei. Nach dem Backen mit heißer Aprikosenmarmelade bestreichen.

Zutaten Teig

- *300 g Mehl*
- *1 Prise Salz*
- *200 g kalte Butter*
- *150 g weißer Rohrzucker*
- *1 EL Honig, 1 EL Milch und 1 EL Wasser*
- *1 Ei*

Zutaten Füllung

- *6 Äpfel und 1 TL Zimtpulver*
- *100 g Rosinen und 100 g Walnüsse*
- *50 g weißer Rohrzucker*
- *1 EL Puddingpulver und 1 EL Milch*
- *1 Zitrone (ungespritzt, gut gewaschen)*
- *2 Eier*
- *1 EL Aprikosenmarmelade*
- *1 EL klein geschnittener Ingwer*

Zubereitungszeit 50 Minuten

- *8 Personen*

Gebratene Erdbeeren mit Waldfruchtsorbet

Für alle Rennradler, die verrückt nach Eis sind. Nehmen Sie immer Sorbeteis, da es kein Fett enthält!

❶ Reinigen Sie die Erdbeeren und schneiden Sie sie entzwei. Waschen Sie den Rest der Früchte und lassen Sie sie auf Küchenpapier abtropfen.

❷ Geben Sie etwas Öl in eine Pfanne und etwas Zucker hinzu. Den Zucker leicht braun karamellisieren lassen. Geben Sie dann die Erdbeeren hinzu und braten Sie diese kurz. Das Ganze mit Balsamico ablöschen.

❸ Schneiden Sie die Vanilleschote der Länge nach auf, kratzen Sie die Vanille heraus und geben Sie sie zu den Waldbeeren und Brombeeren hinzu. Wenn der Zucker sich in der Pfanne aufgelöst hat, mengen Sie die restlichen Früchte bei. Das Ganze vorsichtig umrühren und abkühlen lassen.

❹ Geben Sie alles in einen tiefen Teller und legen Sie eine dicke Kugel Sorbeteis darauf. Mit einem Minzblättchen obenauf sind Sie fertig!

Zutaten

- *1 Schale Erdbeeren*
- *1 Schale Waldbeeren*
- *1 Schale Brombeeren*
- *2 EL Zucker*
- *2 EL Öl*
- *2 EL Balsamico (Balsamico-Essig)*
- *4 Minzblättchen*
- *Sorbeteis von Waldfrüchten*
- *1 Vanilleschote*

Zubereitungszeit 6 Minuten

- *4 Personen*

Variation

Sie können anstelle der Erdbeeren auch Pfirsich, Mango oder Melone probieren.

Polentakuchen mit Zitrone

Polenta ist ein traditionelles Gericht aus Norditalien, das aus Griesmehl und Mais zubereitet wird.

❶ Waschen Sie die Zitronen, schälen Sie sie und kochen Sie diese zusammen mit der Schale in einem Kessel mit Wasser (ca. 18 Minuten).

❷ Zerteilen Sie die Zitronen, entfernen Sie die Kerne, holen Sie das Fruchtfleisch heraus und geben Sie es mit den Schalen in einen Mixer.

❸ Trennen Sie Eiweiß und Eigelb und schlagen Sie Ersteres zu Eischnee (mit einer Prise Salz).

❹ Schlagen Sie das Eigelb mit 100 g Zucker und geben Sie die Mandeln, Haselnüsse, die gemixten Zitronen, die Polenta und den Eischnee hinzu.

❺ Geben Sie das Ganze in eine mit Backpapier ausgelegte Form und backen Sie es für 45 Minuten bei 180 °C im vorgewärmten Ofen.

❻ Wenn der Kuchen beinahe fertig ist, lassen Sie 100 g Zucker in 100 g Wasser einige Minute kochen, bis der Zucker aufgelöst ist. Geben Sie den Limoncello hinzu und lassen Sie es noch weitere zwei Minuten kochen. Jetzt haben Sie Limoncellosirup.

❼ Nehmen Sie den Kuchen aus dem Ofen, aber belassen Sie ihn in der Form. Stechen Sie eine Reihe von Löchern bis auf den Boden hinein und verteilen Sie den Limoncellosirup über den Kuchen. Vor dem Servieren abkühlen.

Zutaten

- *3 Bio-Zitronen*
- *200 g Mandeln und Haselnüsse*
- *100 g Polenta*
- *200 g Zucker*
- *6 Eier*
- *150 ml Limoncello (optional)*
- *Salz*

Zubereitungszeit 60 Minuten

- *10 Personen*

Knusprige Bananentaschen mit Sesam

Sesamsaat ist ein Korn, das größtenteils aus Öl (Sesamöl) und Proteinen besteht. Diese Eiweiße sind sehr gesund für den Körper, denn ohne Eiweiße können wir nicht leben.

❶ Zerdrücken Sie die Bananen und mischen Sie das Müsli darunter. Geben Sie zudem ein wenig geriebene Zitronenschalen hinzu.

❷ Lassen Sie den Blätterteig auftauen und legen Sie die einzelnen Blätter offen. Geben Sie auf jedes Blatt etwas Bananenkompott und falten Sie es zu einer kleinen Tasche. Bestreichen Sie die Oberseite mit Ei und bestreuen Sie es mit dem Sesamsamen.

❸ Im vorgewärmten Ofen bei etwa 160 °C 10 Minuten backen.

Karamellsoße zubereiten

❶ Geben Sie den Zucker in einen Topf mit etwas Wasser und erwärmen Sie ihn, sodass der Zucker gleichmäßig karamellisiert.

❷ Wenn der Zucker braun wird, geben Sie den Apfelsaft und ½ Esslöffel Sesamsamen hinzu. Den Zucker langsam auflösen lassen. Dann ist der Karamell fertig. Servieren Sie die gebackenen Taschen auf einem Teller und gießen Sie die Soße darüber.

Zutaten

- *3 Bananen*
- *100 g Müsli*
- *Geriebene Schale von ½ Zitrone*
- *Blätterteig (im Supermarkt im Tiefkühlbereich)*
- *Sesamsamen*
- *1 Ei*

Zubereitungszeit 15 Minuten

- *4 Personen*

Variation

Anreichern mit einer selbstgemachten Karamellsoße

Zutaten Karamellsoße:

- *100 g Zucker*
- *200 ml Apfelsaft*

Besser als
Bananen

Zartbitter-Schokoladenkuchen

Tipp

Am einfachsten lässt man die Schokolade in der Mikrowelle bei mittlerer Stufe etwa zwei Minuten lang schmelzen.

Kakao enthält genau wie Rotwein, grüner Tee, Beeren und Gemüse bioaktive Inhaltsstoffe, die als Antioxidantien arbeiten. Die sogenannten Flavonole sorgen bei Sportlern für eine verbesserte Sauerstoffaufnahme.

❶ Wärmen Sie den Ofen auf 190 °C vor. Fetten Sie die Form und legen Sie sie mit Backpapier aus. Das ist wichtig, da es hier um einen sehr saftigen Kuchen geht.

❷ Rühren Sie Butter und Zucker in einem Mixer weich.

❸ Geben Sie die Eier und die Vanille hinzu. Rühren Sie die geschmolzene, leicht abgekühlte Schokolade hinein.

❹ Rühren Sie nun Mehl und Backpulver hinzu. Immer abwechselnd einen Esslöffel Mehl und einen Esslöffel kochendes Wasser, bis Sie schließlich einen glatten und nahezu flüssigen Teig haben. Rühren Sie zuletzt vorsichtig je eine halbe Schale Himbeeren und Blaubeeren hinein.

❺ Gießen Sie den Teig in die beschichtete Form und backen Sie das Ganze 30 Minuten lang. Danach den Ofen auf 170 °C herunterstellen und den Kuchen weitere 15 Minuten backen.

Ein perfekter Kuchen ist in seinem Inneren noch ein wenig klebrig. Lassen Sie den Kuchen mit geöffneter Backofentür vollständig abkühlen.

Zutaten

- *225 g weich gerührte Butter*
- *375 g brauner Rohrzucker*
- *2 große Eier*
- *1 TL Vanilleextrakt*
- *100 g Zartbitterschokolade (so bitter wie möglich)*
- *200 g Mehl*
- *1 TL Backpulver*
- *250 ml kochendes Wasser*
- *1 Schale Blaubeeren*
- *1 Schale Himbeeren*

Zubereitungszeit 60 Minuten

- *10 Personen*

Achtung

Der Kuchen enthält wegen des vielen Zuckers natürlich sehr viele Kalorien!

Brotpudding mit getrockneten Früchten

Brotpudding ist ein prima Gericht, um altes Brot noch zu verarbeiten. Sollten Sie also etwas Brot übrighaben, legen Sie es in den Tiefkühler und bewahren Sie es für diesen Nachtisch auf.

❶ Den Ofen auf 180 °C vorheizen. Währenddessen das Brot in grobe Stücke zerteilen und in eine Schale geben.

❷ Milch, Zucker, Eier, Zimt und Puddingpulver gut miteinander vermischen.

❸ Rühren Sie die Mischung zusammen mit den Rosinen, Korinthen und Aprikosen unter das Brot.

❹ Gießen Sie die Mixtur in eine gefettete Form und stellen Sie es in den mittlerweile aufgewärmten Ofen.
Nach 45 Minuten ist der Brotkuchen fertig.

Zutaten

- *300 g altes Brot (es können auch alte Rosinenbrötchen oder Croissants sein)*
- *2 Tassen Milch*
- *200 g Zucker*
- *5 geschlagene Eier*
- *Rosinen, Korinthen, getrocknete Aprikosen (insg. 100 g)*
- *Zimt*
- *1 EL Puddingpulver*

Zubereitungszeit 50 Minuten

- *2 Personen*

Eiweißboost

Gefüllte Baisers

Baisers sind in Kombination mit roten Früchten ein perfekter Nachtisch. Das Eiweiß, das dieses Gericht enthält, unterstützt besonders gut die Regeneration der Muskulatur.

1. Geben Sie zu den drei Eiweiß das Salz und schlagen Sie sie, bis sich ein fester Schaum bildet.
2. Geben Sie einen Löffel Zucker hinzu und schlagen Sie das Ganze für 20 Sekunden. Wiederholen Sie den Vorgang, bis fünf Löffel beigemengt sind.
3. Geben Sie dann den restlichen Zucker hinzu. Schlagen Sie weiter, bis der ganze Zucker aufgelöst ist. Im Anschluss fügen Sie den Puderzucker hinzu. Rühren Sie gut durch.
4. Geben Sie die Masse in einen Spritzbeutel mit gezahnter Spitze und spritzen Sie Rosetten auf fettfreies Backpapier.
5. Im auf 110 °C vorgewärmten Ofen 35 Minuten backen. Die Baisers sind jetzt von außen hart und innen weich.

Zutaten
- *3 Eiweiß*
- *150 g feiner Kristallzucker*
- *100 g Puderzucker*
- *½ TL Salz*

Zubereitungszeit 35 Minuten
- *20 Stück*

Variation
Wenn Sie harte Baisers wollen, backen Sie sie fünf Stunden auf 80 °C.

Möhrenkuchen

Die Möhre wird als Gemüse zu Unrecht unterschätzt. Möhren stecken voller Vitamin A und sind überdies gut für den Darm und das Sehvermögen. Kurzum: Für einen Rennradfahrer, der die Übersicht behalten muss, sind Möhren ein heißer Tipp!

❶ Den Ofen auf 190 °C vorwärmen.
❷ Waschen und reiben Sie die Möhren und schmelzen Sie die Butter.
❸ Schlagen Sie die Eier zusammen mit dem Zucker schaumig, bis eine dicke Paste entsteht.
❹ Mischen Sie nun die Butter, das Öl, die Kokosraspeln, Rosinen, Walnüsse, geriebenen Möhren und das Backpulver hinzu.
❺ Gießen Sie den Teig in eine mit Backspray eingesprühte Form.
❻ Den Kuchen nun 25 Minuten backen.
❼ Verteilen Sie die Glasur auf dem Kuchen und lassen Sie alles abkühlen.

Glasur

❶ Mischen Sie die Zutaten der Glasur gut durch.

Zutaten

- *250 g Möhren*
- *2 Eier*
- *150 g feiner Kristallzucker*
- *10 g Butter*
- *50 ml Sonnenblumenöl*
- *125 g Backpulver*
- *75 g Kokosraspeln*
- *40 g Rosinen*
- *60 g Walnüsse*

Glasur
- *1 EL frisch gepresster Zitronensaft*
- *125 g Puderzucker*
- *¼ TL geriebene Zitronenschale*

Zubereitungszeit 60 Minuten

- *10 Personen*

ERNÄHRUNG &
Ruhepausen

Es gibt eine Zeit zum Radfahren und zum Ausruhen.

Kraft ist die Basis für eine gute Saison.

Wenn der Winter kommt und das Fahrrad in der Garage landet, steigt der Körperfettanteil vieler Rennradfahrer an. Natürlich gibt es immer Fanatiker, die dann das Mountainbike auspacken, zum Spinning gehen, den Rollentrainer aufbauen oder die Inliner anschnallen, doch das Gros der Amateurradfahrer wird etwas weniger trainiert aus dem Winter kommen. Das kommt vor allem dadurch, dass man trotz weniger Sport zudem weniger auf seine Ernährungsgewohnheiten achtet.

Möchte man jedoch fitter aus dem Winter kommen, dann ist es wichtig, neben dem Ausdauer- auch Krafttraining zu absolvieren. Denn wer Fett verbrennen will, muss für einen niedrigen Glykogenvorrat sorgen. Und diesen Vorrat reduziert man am schnellsten durch Krafttraining, denn dabei bedient sich der Körper schneller am Glykogenvorrat als bei Ausdauertraining. Wenn man also mit Joggen beginnt, braucht der Körper eine gewisse Zeit, bis er auf Fettverbrennung umstellt, da der Körper zunächst das eingelagerte Glykogen aufbraucht. Wenn man jedoch mit Krafttraining beginnt, startet der Verbrennungsprozess viel schneller. Kombinieren Sie also, wenn Sie Fett verbrennen möchten, Ausdauer- und Krafttraining und starten Sie mit Letzterem. Vernachlässigen Sie dabei jedoch das Ausdauertraining nicht, denn das ist nun einmal besonders gut für die – Ausdauer.

Grundlagen

Soßen, Gemüse und einfache Gerichte

Die Vorarbeit

Um die Gerichte aus diesem Buch erfolgreich zuzubereiten, ist etwas Grundwissen erforderlich – ganz ohne geht es leider nicht. Bei der Zubereitung von Nudeln, Reis und Gemüse ist der richtige Garpunkt entscheidend, damit Vitamine und Kohlenhydrate erhalten bleiben. Manchmal ist das Kochen eines (augenscheinlich) einfachen Gerichts schwieriger, als man denkt. So existiert beispielsweise ein großer Unterschied in der Kochzeit von frischer und getrockneter Pasta.

»Der richtige Garpunkt erhält die Vitamine und Kohlenhydrate.«

In diesem Kapitel legen wir das Augenmerk auf die Zubereitung von verschiedenen Soßen, das Blanchieren von Gemüse und die Zubereitung von verschiedenen Basisgerichten. Es gelingt immerhin nicht jedem, die Nudeln an der Wand kleben zu lassen.

Inhalt

Wissenswertes

- *Rennradfahrer brauchen eine gute Grundlage. Sie verbrauchen auf einer anstrengenden Etappe 900 Gramm Kohlenhydrate. Das entspricht 3 kg Pasta!*
- *In Italien sagt man: »La pasta non aspetta.« (Pasta wartet nicht.) Wenn man in Italien Nudeln serviert bekommt, beginnt man sofort zu essen. Wartet man, bis alle am Tisch ihr Essen auf dem Teller haben, beleidigt das den Koch und die Pasta.*
- *In Italien ist es ein Unding, Pasta gar zu kochen.*

Paprikasalsa

Paprika enthalten viel Vitamin C. So enthält z. B. eine rote Paprika drei Mal so viele Vitamine wie eine Orange. Die einzige Paprika, die nicht viel Vitamin C enthält, ist die grüne unreife Paprika.

❶ Die Paprika 15 Minuten im Ofen auf 160 °C rösten, damit man die Haut abziehen kann. Nach dem Entfernen der weißen Innenhaut und der Kerne die Paprika in kleine Würfel schneiden.

❷ Die Tomaten häuten und in kleine Würfel schneiden. Nur das Fruchtfleisch verwenden.

❸ Die rote Zwiebel würfeln und den Knoblauch fein hacken.

❹ Den Koriander waschen, trocknen und fein schneiden.

❺ Die Oreganoblätter von den Stielen zupfen und fein hacken. Alle Zutaten vermischen, Pfeffer, Salz und Olivenöl dazugeben.

Zutaten

- *3 Tomaten*
- *3 große rote Paprika*
- *1 große grüne Paprika*
- *½ große rote Zwiebel*
- *4 Knoblauchzehen*
- *10 Stängel Koriander*
- *5 Stängel Oregano*
- *schwarzer Pfeffer und Salz*
- *100 ml natives Olivenöl*

Zubereitungszeit 10 Minuten

- *2 Personen*

Mehr Vitamine als man denkt

Salsa verde

Tipp

Die Salsa verde hebt man am besten im Kühlschrank auf und verwendet sie beim Grillen.

Salsa verde ist randvoll mit Vitaminen und eignet sich hervorragend zu gegrilltem Fleisch oder Fisch. Man kann Salsa verde auch auf ein gegrilltes Brot streichen.

❶ Die Blätter von Petersilie, Minze, Basilikum und Majoran fein hacken. Auch die Kapern, Cornichons und Anchovis fein hacken. Die Knoblauchzehen schälen und den Knoblauch mit dem Salz fein hacken.

❷ Alle Zutaten mit Senf, Öl und Essig in eine Schüssel geben. Die Mischung gut verrühren. Nach Geschmack Zitronensaft, Salz und Pfeffer dazugeben.

Zutaten

- *2 Bund glatte Petersilie*
- *1 Bund Minze*
- *2 Bund Basilikum*
- *1 Bund Majoran*
- *3 EL Kapern*
- *3 EL Cornichons*
- *4 gewaschene Anchovisfilets (aus dem Salz)*
- *2 Knoblauchzehen*
- *1 ½ TL Meersalz*
- *½ TL gemahlenen Pfeffer*
- *1 EL Senf*
- *200 ml extra natives Olivenöl*
- *2 EL Rotweinessig*
- *Zitronensaft nach Geschmack*

Zubereitungszeit 10 Minuten

- *8 Personen*

Pesto alla Genovese

Wussten Sie, dass ...

der Unterschied zwischen Tapenade und Pesto (werden sie doch häufiger miteinander verwechselt) ist, dass in Tapenaden immer Oliven verarbeitet werden? Pesto hingegen ist eine Soße auf Basilikumbasis.

Pesto ist eine italienische Delikatesse mit einer cremigen Konsistenz und wird verwendet, um Pastagerichten Geschmack zu verleihen. Durch die Zugabe von Pesto an eine Nudelmahlzeit bedarf es keiner weiteren Zutaten, um das Gericht abzuschmecken. So kann der Rennradfahrer so viel Pasta (= Kohlenhydrate) wie möglich essen.

❶ Den Knoblauch mit etwas Salz im Mörser zerstoßen.
❷ Das Basilikum dazugeben und fein zerreiben.
❸ Die Pinienkerne in den Mörser geben und noch zwei Minuten weiter mörsern.
❹ Zuletzt den Parmesankäse und das Olivenöl untermischen. Die Soße mit Zitronensaft, Pfeffer und Salz abschmecken.

Das Pesto kann man drei Tage in einem geschlossenen Behälter im Kühlschrank aufbewahren.

Zutaten

- *1 Knoblauchzehe, in Stücke gehackt*
- *1 Bund Basilikumblätter*
- *½ Tasse Pinienkerne, leicht geröstet*
- *½ Tasse Parmesankäse, gerieben*
- *Olivenöl (extra nativ)*
- *½ Zitrone*
- *Meersalz*
- *Pfeffer*

Zubereitungszeit 5 Minuten

- *4 Personen*

Rotes Pesto

Rotes Pesto ist eine Variation des Pesto alla Genovese, als Basis dienen hierbei Tomaten. Das Pesto schmeckt gut zu Nudeln und gegrilltem Fleisch.

❶ Alle Zutaten, außer dem Olivenöl, in die Küchenmaschine geben und nicht zu fein pürieren.
❷ Das Olivenöl zugeben und noch 20 Sekunden weiter mixen.

Getrocknete Tomaten selbst zubereiten
❶ 10 Tomaten vierteln und die Kerne entfernen.
❷ Die Tomaten nebeneinander auf Backpapier legen.
❸ 2 Knoblauchzehen hacken und mit etwas Salz und Pfeffer über die Tomaten streuen.
❹ Die Tomaten 2 Stunden bei 120 °C im Ofen trocknen. Dabei verdampft die Flüssigkeit aus den Tomaten und es bleiben herrliche getrocknete Tomaten übrig.
❺ Die Tomaten mit Olivenöl bedeckt aufbewahren.

Zutaten

- *200 g sonnengetrocknete Tomaten*
- *20 g frisches Basilikum*
- *2 große Knoblauchzehen*
- *4 EL Balsamicoessig*
- *4 EL Pinienkerne*
- *75 g Parmesan*
- *1 ml Olivenöl*
- *optional ¼ Chilischote, wenn man es etwas würziger mag*

Zubereitungszeit 5 Minuten

- *4 Personen*

Champignonsoße

Champignons sind eine wichtige Quelle für Vitamin B2, B3 und Folsäure. Sie enthalten die Minerale Kalium und Phosphor. Zusätzlich sind sie reich an Fasern und Kupfer.

❶ Bürsten Sie die Champignons sauber. Waschen Sie sie nicht im Wasser, sie enthalten bereits genug Feuchtigkeit.

❷ Vierteln Sie die Champignons. Die Schalotten reinigen und in kleine Stücke schneiden. In einer Pfanne mit Öl die Champignons, den Knoblauch, die Schalotten und den Thymian anbraten.

❸ Mit Bouillon ablöschen und eine Minute kochen lassen. Geben Sie dann die Crème fraîche hinzu und lassen Sie alles drei Minuten kochen.

❹ Die Mixtur pürieren, bis es eine feine Soße ergibt, und mit Pfeffer und Salz abschmecken.

Zutaten

- *250 g Champignons*
- *2 Schalotten*
- *1 Knoblauchzehe*
- *2 dl Gemüsebouillon oder 1 dl Bouillon und 1 dl Weißwein*
- *2 EL Crème fraîche light*
- *1 Stück Thymian*
- *Schuss Olivenöl*

Zubereitungszeit 5 Minuten

- *4 Personen*

Tomatensoße

Wussten Sie, dass ...

*Tomaten für Italiener buch-
stäblich Gold wert sind? Die
Übersetzung des italienischen
Wortes »Pomodoro« bedeutet
wortwörtlich »Goldener Apfel«.*

**Frische Tomaten enthalten viel Vitamin C, Karotin B1, B2 und B6. Zudem
enthält die Tomate einen Farbstoff, der menschliche Zellen gegen
Schadstoffe wie Tabakrauch oder Abgase schützen kann. Daher ist ein
Tomatengericht eine gesunde Bereicherung des Speiseplans für Sportler
und ganz sicher für Radfahrer, die unterwegs nicht selten mit Abgasen
zu kämpfen haben.**

❶ Schneiden Sie die Tomaten in grobe Stücke.

❷ Rollen Sie die Chilischoten über den Tisch, sodass die Kerne gelöst
werden.

❸ Schneiden Sie die Schoten anschließend der Länge nach auf und entfernen Sie die Kerne. Dann in kleine Stücke schneiden. Die Schalotten
schälen und ebenfalls in kleine Stücke schneiden. Den Knoblauch hacken.

❹ In der Pfanne mit Öl Chilischoten, Knoblauch und Schalotten anbraten und
dann die Tomaten hinzugeben und kurz anbraten.

❺ Jetzt den Rotweinessig und die Zimtstange hinzugeben und auf kleiner
Flamme etwa 30 Minuten köcheln lassen. Die Flüssigkeit aus der Tomate
muss verdampfen. Nach 15 Minuten den Zimtstock entfernen und alles gut
durchrühren.

Zutaten

- 8 reife Tomaten
- 1 roter Pfeffer (Chilischote)
- 4 kleine Zwiebeln oder Schalotten
- 2 Knoblauchzehen
- 2 EL Rotweinessig
- ¼ Zimtstange
- 100 ml Olivenöl

Zubereitungszeit 35 Minuten

- 4 Personen

Reis, Risotto und Basmatireis

Die Zubereitung von Reis erscheint zunächst recht simpel. Wasser erhitzen, Reis hinein, einige Minuten kochen lassen – fertig. Doch ist der Reis dann auch schön trocken? Halten Sie sich auf jeden Fall immer an die Angaben auf der Verpackung.

Reis spülen

Geben Sie den Reis in einen Topf und füllen Sie diesen halb mit Wasser. Mit dem Finger einige Male vorsichtig umrühren, sodass die Körner nicht brechen und das Wasser sich eintrübt. Nun das Wasser über der Spüle abschütten, dabei mit dem Händen den Reis im Topf halten. Diesen Vorgang einige Male wiederholen, bis das Wasser einigermaßen klar bleibt. Übrigens ist der teurere Reis im Supermarkt oft schon gut gespült.

Reis kochen

Rechnen Sie mit 75–100 Gramm pro Person (etwa eine Kaffeetasse).

❶ Messen Sie eineinhalb so viel Wasser wie Reis ab. Wenn Sie sichergehen wollen, dass Sie genügend Wasser haben, dann prüfen Sie, ob ein bis eineinhalb Fingerglieder breit Wasser über dem Reis im Topf steht. Den Reis gleichmäßig auf dem Boden verteilen. Geben Sie, nach Geschmack, etwas Salz hinzu.

❷ Bei großer Hitze das Wasser zum Kochen bringen. Den Reis zwei bis drei Minuten kräftig kochen lassen, dann auf eine möglichst geringe Stufe stellen und den Reis 10 Minuten sanft garen lassen. Den Topf immer geschlossen halten.

❸ Nach dem Garen den Herd ausstellen und den Reistopf mit Deckel darauf noch weitere 10 Minuten ziehen lassen. Hierdurch wird der Reis weich und es bleibt weniger am Boden kleben.

❹ Rühren Sie den Reis mit einer Gabel vorsichtig um, sodass keine Körner brechen. Geben Sie den Reis in eine Schüssel und rühren Sie nochmals um. Servieren Sie den Reis heiß dampfend.

Die Kraft eines Korns

Basmatireis zubereiten

Basmatireis bedeutet wortwörtlich »der duftende Reis« und ist eine langkörnige Reissorte aus Indien und Pakistan. Er ist mit Pandanreis vergleichbar, nur dünner, länger und trockener.

Basmatireis, ein langes, trockenes Korn

❶ Rechnen Sie mit 75–100 Gramm pro Person (etwa eine Kaffeetasse). Waschen Sie den Reis, bis das Spülwasser klar bleibt. Den gewaschenen Reis mit einer Prise Salz in einen Topf geben (eine Tasse Reis benötigt zwei Tassen Wasser). Sobald das Wasser kocht, die Platte kleiner stellen und köcheln lassen.

❷ Sobald sich Löcher im Reis bilden, den Topf auf eine Warmhalteplatte stellen oder den Vorgaben auf der Verpackung folgen. Sie können auch einen Reiskocher verwenden – mit ihm lässt sich stets perfekten Reis auf den Teller zaubern.

Risotto

Risotto ist ein Rezept aus der italienischen Küche, bei dessen Zubereitung man sehr aufmerksam sein muss. Denn wenn der Reis auch nur ein wenig zu gar ist, wird aus dem Risotto eine Art Reisbrei.

❶ Schalotten, Knoblauch und Blattsellerie in etwas Olivenöl anbraten.

❷ Geben Sie das Risotto zu und rühren Sie, bis es glasig wird. Mit Weißwein ablöschen und einkochen.

❸ Danach schrittweise die Bouillon zugeben, bis das Risotto den perfekten Gargrad erreicht hat. Das Risotto ist fertig, wenn ein Korn beim Zerdrücken zwischen Daumen und Zeigefinger drei weiße Punkte bildet.

❹ Zuletzt etwas Butter und die Petersilie unter das Risotto rühren. Geben Sie das Risotto auf einen flachen Teller, dabei muss es zerfließen. Das Ganze mit Olivenöl und Parmesan besprenkeln.

Risotto isst man mit der Gabel von außen nach innen.

Zutaten Risotto

- *300 g Risotto*
- *100 g Schalotten fein geschnitten*
- *1 Knoblauchzehe fein geschnitten*
- *100 g Blattsellerie fein geschnitten*
- *100 ml Weißwein*
- *1 l Gemüsebouillon*
- *100 ml Olivenöl*
- *Blattpetersilie fein geschnitten*
- *Parmesan*

Zubereitungszeit 5 Minuten

- *4 Personen*

Pasta
bleibt die
Nummer 1

Pasta

Es gibt große Unterschiede zwischen getrockneten und frischen Nudeln. So haben getrocknete Nudeln etwa eine längere Kochzeit als frische und man serviert sie eher mit Soßen, die viel Wasser enthalten. Frische Pasta eignet sich besser zu sahnigen Soßen.

Pasta kochen

Es ist wichtig, die Nudeln immer in viel Wasser zu kochen, da sich beim Kochen Glutene aus den Nudeln absondern. Ist nun zu wenig Wasser vorhanden, verändert sich der Topfinhalt in eine schleimige Masse. Verwenden Sie daher immer 1,5 Liter Wasser pro 100 Gramm Nudeln und geben Sie einen nicht ganz vollen Esslöffel Salz hinzu. Füllen Sie das Wasser in einem hohen Topf und setzen ihn auf große Flamme. Bei einem niedrigen, breiten Topf besteht die Gefahr, dass das Wasser überkocht. Geben Sie das Salz erst hinzu, wenn das Wasser kocht. Einige Menschen geben auch Öl ins Wasser, um dem Überkochen zu entgehen. Das sollte man jedoch besser vermeiden, da das Öl verhindert, dass später die Soße an den Nudeln haftet.

Getrocknete Pasta

Wenn Sie getrocknete Nudeln kochen, gibt es eine Reihe von Tricks, um herauszufinden, ob die Pasta gar ist. Einige werfen eine Nudel gegen die Wand – bleibt sie kleben, sind die Nudeln gar. Eine andere Möglichkeit ist, einfach eine Nudel zu essen. So findet man schnell heraus, ob sie noch Biss hat (al dente). Wenn der gewünschte Gargrad erreicht ist, sofort abgießen, um Nachgaren zu vermeiden. Es ist auch möglich, ein Glas kaltes Wasser in den Topf zu schütten, um die Nudeln abzukühlen. Spülen Sie die Nudeln nicht mit Wasser ab. Übrigens vermischt man vor dem Servieren die Pasta immer mit der Soße. Nur der Käse wird extra gereicht.

Frische Pasta

Verwenden Sie pro 100 Gramm Nudeln einen Liter Wasser und einen halben Teelöffel Salz. Frische Pasta ist schneller gar als getrocknete, weil frische Pasta viel Feuchtigkeit enthält und das kochende Wasser die Nudeln im Handumdrehen gart. Wenn die Nudeln im Topf oben treiben, sind sie fertig. Das dauert oft nur wenige Minuten.

Quinoa

Quinoa ist bei Sportlern in den letzten Jahren immer populärer geworden, da es eine schöne Alternative für Nudeln, Reis und Couscous ist.

Quinoa ist ursprünglich eine südamerikanische Pflanze und blüht in Rispen (siehe Foto Seite 12). Die Blumen wachsen im Büschel, die danach getrocknet werden. Anschließend können die Samen zu Mehl gemahlen werden, um Brot oder Brei daraus zuzubereiten. Die getrockneten Samen sind im Lebensmittelhandel erhältlich.

Quinoa zubereiten

❶ Rechnen Sie mit etwa 75 Gramm getrockneter Quinoa und 200 Milliliter Wasser oder Bouillon pro Person. Das Volumen wird sich beim Kochen etwa verdreifachen. Spülen Sie die Quinoa gut ab.

❷ Geben Sie das Wasser hinzu und lassen Sie es ungefähr 10 bis 15 Minuten kochen.

❸ Nehmen Sie die Quinoa danach vom Herd und lassen Sie sie »ruhen«, der Deckel bleibt auf dem Topf. Die Quinoa ist fertig, wenn sich Keim und Korn voneinander trennen.

Quinoa ist ein perfektes Produkt bei einer glutenfreien Ernährung. Obwohl Quinoa kein Getreide ist, wird es dennoch als solches verwendet. Quinoa ist überdies sehr nahrhaft, enthält mehr Eiweiß, Mineralstoffe, Vitamine und Pflanzenfette als andere Getreidesorten wie Weizen, Reis und Mais.

Geschmacksgaranten

Dressings sind in der Regel nichts anderes als Soßen aus Öl, Essig und Gewürzen, mit denen man Salat etwas Geschmack gibt. Doch lange nicht in jedem Land besteht ein Dressing aus den oben genannten Inhaltsstoffen. So verwendet man in Italien oft Limetten- oder Zitronensaft. Obendrein gibt es verschiedene Arten von Olivenöl.

Der Geschmack von Olivenöl entsteht auf dieselbe Art und Weise wie bei Wein. So bestimmt sowohl die Örtlichkeit als auch der Boden, auf dem der Hain wächst, ob einem ein Olivenöl mundet oder nicht. Und doch ist dies nicht das Wichtigste. Was wirklich zählt: Handelt es sich um ein gefiltertes oder ein ungefiltertes Olivenöl? Gefiltertes Öl ist sanft im Geschmack und passt daher gut zu weniger stark schmeckenden Salaten. Ungefiltertes Öl ist etwas »heißer« wegen des vielen scharfen Fruchtfleisches, das in der Olive steckt.

Gesundes Öl

Balsamico-, Tomaten- und Kräuter-dressings

Aceto-Balsamico-Essig

Aceto Balsamico (italienischer Weinessig) ist erforderlich für die Herstellung der Dressings in diesem Buch. Das Bemerkenswerte an diesem Essig ist, dass er zwölf Jahre alt sein muss. Aceto Balsamico wird aus Trebbianotrauben aus Modena in Norditalien hergestellt.

Gebundenes Balsamicodressing

❶ Vermischen Sie den Essig mit dem Eidotter.

❷ Verrühren Sie das Ganze gut und fügen Sie tröpfelnd verschiedene Öle zu.

❸ Mit Salz und Pfeffer abschmecken. Ist das Dressing zu dick, mit Wasser verdünnen.

Tomatendressing

❶ Die Tomaten enthäuten. Dazu an beiden Seiten ein Kreuz einschneiden und die Tomaten eine Minute in kochendes Wasser legen. Danach die Tomaten mit kaltem Wasser abspülen.

❷ Jetzt die Tomaten vierteln und die Kerne entfernen, den Rest der Tomaten pürieren.

❸ Geben Sie den feingehackten Knoblauch hinzu und rühren Sie kurz um.

❹ Zunächst den Zitronensaft und dann das Olivenöl einrühren.

❺ Dann mit Salz und Pfeffer und eventuell etwas Tabasco abschmecken.

Thai-Soja-Vinaigrette

Die Thai-Soja-Vinaigrette ist ein Dressing, das viele Eiweiße enthält und prima zu allen Salaten passt.

❶ Alle Zutaten vermengen, zuletzt das Öl zugeben.

Zutaten Gebundenes Balsamico-dressing

- *2 Eidotter*
- *½ dl Aceto Balsamico*
- *100 ml Olivenöl*
- *100 ml Basilikumöl*
- *100 ml Nussöl*
- *Wasser*
- *Pfeffer und Salz*

Zubereitungszeit 3 Minuten

- *4 Personen*

Zutaten Tomatendressing

- *250 g Tomaten*
- *1 Knoblauchzehe*
- *4 EL Olivenöl*
- *2 EL Zitronensaft*
- *Pfeffer und Salz*

Zubereitungszeit 5 Minuten

- *4 Personen*

Zutaten Thai-Soja-Vinaigrette

- *50 ml Aceto Balsamico*
- *1 dl Sojasoße*
- *50 ml Ketjap Manis*
- *150 ml Ingwersirup*
- *½ feingehackte Knoblauchzehe*
- *250 ml Olivenöl*
- *50 ml Sesamöl*
- *Saft von ¼ Zitrone. À la minute mit geschnittenem Thaisoja oder Schnittlauch vermischen*

Zubereitungszeit 3 Minuten

- *4 Personen*

Vitamine

Unumgänglich

Wie jeder weiß, benötigt unser Körper Vitamine, damit er reibungslos funktioniert. Doch Vitamine können mehr: Sie helfen auch beim Wachstum und der Erholung des Körpers. Nicht ohne Grund wird empfohlen, nach einer Krankheit so viele Vitamine wie möglich zu sich zu nehmen.

Es gibt eine ganze Reihe von Vitaminen, die in wasser- und fettlösliche Vitamine unterteilt werden. Die Vitamine B1, B2, B3, B5, B6, B8, B11, B12 und Vitamin C sind wasserlöslich und werden bei Überdosierung einfach mit dem Urin wieder ausgeschieden. Die übrigen Vitamine (A, D, E und K) werden im Körper eingelagert.

Die exakte Menge des täglichen Vitaminbedarfs hängt von vielen Faktoren ab. So spielt das Alter, Gesundheitszustand und Geschlecht eine Rolle und auch, ob ein Frau schwanger ist oder nicht. Obwohl im Allgemeinen unterstellt wird, dass bei normaler Ernährung genügend Vitamine aufgenommen werden, kann es dennoch passieren, dass gerade Sportler unterversorgt sind. Allerdings geschieht das nur, wenn der Körper anhaltende Höchstleistungen erbringen muss wie etwa Etappenrennen, bei denen täglich aufs Neue heftige Belastungen anstehen. Oft verbrennt der Körper dann so viele Kalorien, dass die Mengen an gewöhnlicher Nahrung den Verdauungsapparat vor unauflösbare Probleme stellen. Dann besteht allerdings immer noch die Möglichkeit, zusätzliche Vitamine über Nahrungsergänzungsmittel zu sich zu nehmen. Dabei aber bitte auf die korrekte Dosierung achten.

Gemüse blanchieren

Blanchieren ist eine Kochtechnik, bei der Nahrungsmittel, zumeist Gemüse, eine kurze Zeit gekocht und dann in kaltes Wasser gelegt oder damit abgespült werden, um den Garprozess zu stoppen.

Das Blanchieren

❶ Füllen Sie einen Topf mit Wasser und bringen Sie diesen mit großer Hitze schnell zum Kochen. Das Verhältnis von Gemüse zu Wasser muss 1:10 betragen. 500 Gramm Gemüse benötigen also 5 Liter Wasser.

❷ Wenn das Wasser kocht, geben Sie zunächst Salz und dann das Gemüse hinzu.

❸ In dem Moment, wenn Sie das Gemüse hinzugeben, sinkt die Temperatur im Topf, das Wasser kocht nicht mehr. Lassen Sie den Topf auf der heißen Herdplatte stehen, damit das Wasser so schnell wie möglich wieder kocht.

❹ Blanchieren Sie das Gemüse nun kurze Zeit, bis es bissfest ist. Das bedeutet, dass das Gemüse noch einen Rest Festigkeit hat.

❺ Heben Sie nun das Gemüse mit einer Schaumkelle aus dem Topf und geben Sie es in eine Schüssel mit Eiswasser. Dadurch wird der Garprozess augenblicklich gestoppt. Nachdem das Gemüse abgekühlt ist, lassen Sie es gut abtropfen.

> Blanchieren geht u. a. mit Möhren, Zuckerschoten, Blumenkohl, Brechbohnen, Schoten, Gartenbohnen, Brokkoli, Erbsen, grünen Bohnen

Register

Abkürzungen

l = Liter, dl = Deziliter, cl = Zentiliter, ml = Milliliter,
EL = Esslöffel, TL = Teelöffel, kg = Kilogramm, g = Gramm

© by Graphic Box, Edam
Die niederländische Originalausgabe mit dem Titel *Culinaire Tour*
erschien 2016 bei Graphic Box

Bibliografische Information der Deutschen Nationalbibliothek
Die Deutsche Nationalbibliothek verzeichnet diese Publikation
in der Deutschen Nationalbibliografie; detaillierte bibliografische
Daten sind im Internet über http://dnb.dnb.de abrufbar.

2. Auflage
ISBN 978-3-667-11057-2
Die Rechte für die deutsche Ausgabe liegen beim Verlag Delius
Klasing & Co. KG, Bielefeld

Aus dem Niederländischen von Alexander Worms
Lektorat: René Stein, Stephanie Jaeschke
Einbandgestaltung: Felix Kempf, www.fx68.de
Layout: Graphic Box, www.graphicbox.nl
Text: Ben van Beurten / Kevin de Vries / Gonny Springer
Fotos: Gonny Springer / 123RF / Wouter Roosenboom
Gesamtherstellung: Print Consult, München
Printed in Slovakia 2021

Delius Klasing Verlag, Siekerwall 21, D - 33602 Bielefeld
Tel.: 0521/559-0, Fax: 0521/559-115
E-Mail: info@delius-klasing.de
www.delius-klasing.de

FSC
www.fsc.org
MIX
Papier aus ver-
antwortungsvollen
Quellen
FSC® C084279

FEST IM SATTEL

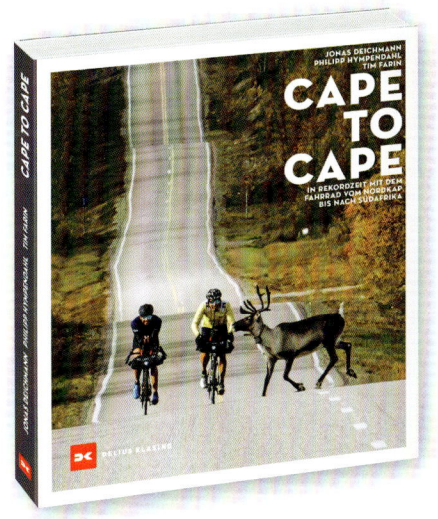

Von Kap zu Kap auf dem Gravel-Bike

18.000 Kilometer, fünfzehn Länder, ein Mann. Als Jonas Deichmann zu seinem Abenteuer aufbricht, hat er nur ein Ziel: den Weltrekord. 72 Tage verbringt er im Sattel, unter sich seinen Graveler, vor sich eine Wahnsinnstour. Sein Weg führt den Münchner Extremsportler durch wunderschöne Landschaften, aber auch durch karge Wüsten und Krisengebiete. Im Gepäck hat der Selbstversorger nur das Allernötigste. Dieses Buch zeigt seine schönsten und bewegendsten Erlebnisse während seiner Reise.

Jonas Deichmann | Philipp Hympendahl | Tim Farin
Cape to Cape
In Rekordzeit mit dem Fahrrad vom Nordkap bis nach Südafrika
ISBN 978-3-667-11967-4

Das Trainingsbuch für ambitionierte Radsportlerinnen

Allein oder in der Gruppe, sportlich in der Freizeit oder extrem, um bis an die eigenen Grenzen zu gehen: Rennradfahren gewinnt immer mehr an Beliebtheit. Um die eigenen sportlichen Ziele zu erreichen, ist ein effizientes und verantwortungsbewusstes Training auf dem Fahrrad essenziell. Die belgische Radsporttrainerin Angélique Dupré führt Sie in 12 Wochen zur Bestform auf dem Rad. Von der Auswahl des passenden Equipments über die richtige Körperhaltung bis hin zur gesunden Ernährung gibt Ihnen dieser Ratgeber alles an die Hand, was Sie brauchen, um im Training wirklich voranzukommen.

Angélique Dupré
Rennradfahren für Frauen
In 12 Wochen zur Bestform
ISBN 978-3-667-12100-4

DELIUS KLASING

FITTES RAD & FITTER SPORTLER

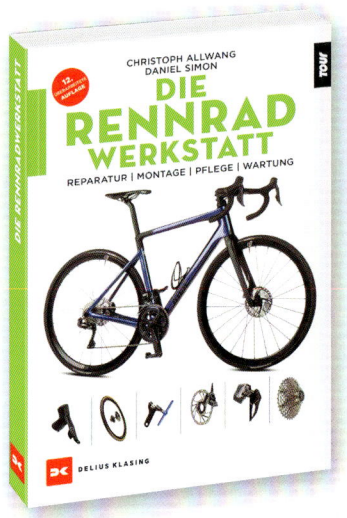

Ein Muss für jeden Rennradfahrer!

Ein richtig eingestelltes und regelmäßig gewartetes Rennrad ist das perfekte Sportgerät! Kompletträder wie auch Komponenten gibt es in großer Auswahl – das optimal passende Modell muss kein Traum bleiben. Am meisten Spaß macht so ein Renner, wenn man ihn selbst pflegen, warten und reparieren kann.

Das Rennradmagazin TOUR widmet sich in seiner Werkstatt-Rubrik regelmäßig diesem Thema. Schritt für Schritt wird beschreiben, wo und wie Hand anzulegen ist, wenn die edle Maschine Streicheleinheiten benötigt.

Christoph Allwang | Daniel Simon
Die Rennradwerkstatt
Reparatur - Montage - Pflege - Wartung
ISBN 978-3-667-12103-5

Effektives Rennrad-Training für Zuhause

Ein guter Rollentrainer gehört inzwischen zur Standardausrüstung jedes ambitionierten Rennradfahrers oder Triathleten. Aber braucht es unbedingt einen smarten Rollentrainer mit App? Schadet das Rollentraining dem teuren Rennrad? Und wie baut man das Training mit der Rolle am besten auf, um maximale Erfolge zu erzielen?

Diese und viele weitere Fragen beantwortet Frank Wechsel in seinem umfassenden Ratgeber zum Kauf und Umgang mit dem Rollentrainer. Als passionierter Triathlet und Rennradfahrer hat der Autor alle wichtigen Informationen rund um die beliebten Fitnessgeräte für Sie zusammengestellt.

Frank Wechsel
Rollentraining für Radsportler und Triathleten
Equipment - Software - Trainingspläne
ISBN 978-3-667-12102-8

DELIUS KLASING   www.delius-klasing.de